漫画版

中华文化1000问

究慈 编著

中国和平出版社
China Peace Publishing House
北京

图书在版编目（CIP）数据

中华文化 1000 问 / 究慈编著. -- 北京：中国和平出版社，2025. 6.（2025.6 重印）
ISBN 978-7-5137-3181-2

Ⅰ．K203-44

中国国家版本馆 CIP 数据核字第 20251PR449 号

中华文化 1000 问
ZHONGHUA WENHUA 1000 WEN

究慈　编著

编辑统筹	代新梅
责任编辑	付迎亚
设计制作	张建永
责任印务	魏国荣
出版发行	中国和平出版社（北京市海淀区花园路甲 13 号院 7 号楼 10 层　100088）
	www.hpbook.com　　bookhp@163.com
出 版 人	林　云
经　　销	全国各地书店
印　　刷	三河市嵩川印刷有限公司
开　　本	710mm×1000mm　1/16
印　　张	7
字　　数	100 千字
版　　次	2025 年 6 月第 1 版　2025 年 6 月第 3 次印刷
书　　号	ISBN 978-7-5137-3181-2
定　　价	52.00 元

版权所有　侵权必究

本书如有印装质量问题，请与我社发行部联系退换。电话：010-82093836

目 录

第一章 文学常识

诗歌最早出现在什么时候？/1
古代诗歌可以分为哪些类别？/1
乐府诗是起源于哪个时期的诗歌？/2
《木兰辞》描述的是一个什么故事？/2
古体诗和近体诗有什么区别？/2
诗歌中常用什么来表达情感？/3
什么是借代？/3
梅花在诗词中常被赋予什么意象呢？/3
为什么在陶渊明的作品中，菊花总是受到偏爱呢？/4
古代亲友离别时，会互赠什么呢？/4
鸿雁在古代经常被当作什么的象征？/4
"杨花落尽子规啼"的"子规"是什么？/5
猿猴的意象在古代文学作品中通常被用来表达什么？/5

"长亭更短亭"的"长亭""短亭"是什么？/5
琴在古诗中常被用来指代什么？/6
在文学作品中，山的意象代表什么？/6
在"逝者如斯夫"中，孔子感叹的是什么？/6
古代诗人描写的"云"常常代表什么？/7
月在古代作品中常常被用来指什么？/7
"好雨知时节"描绘的是什么季节？/7
在文学作品中，意象指的是什么？/8
"巾帼"和"须眉"分别代指什么？/8
"黄发垂髫"指的是哪两种人？/8
"粉黛"指的是什么？/9
"布衣"是什么意思？/9
"纨绔"是什么意思？/9
"杏林"用来指代什么？/9
"化干戈为玉帛"中的"玉帛"指什么？/10
"椿萱"指的是什么？/10
阡陌是什么意思？/10
知识万花筒：古代文学中的常见意象/11

01

什么是通假字？/12
常见的文言文虚词有哪些？/12
赋是一种什么文体？/12
序是一种什么文体？/13
"忽如一夜春风来，千树万树梨花开"描写的是哪种情景？/13
八股文中的"八股"指的是哪八股？/13
"留取丹心照汗青"中的"汗青"指的是什么？/13
诗句"各领风骚数百年"中"风骚"的原意是指什么？/14
骈文有什么特点？/14
中国四大民间传说是什么？/14
金兰之交是什么交情？/14
豆蔻年华是指什么年龄？/15
什么是名词？/15
什么是动词？/15
什么是记叙文？/16
什么是应用文？/16
什么是寓言？/17

《自相矛盾》讲述了一个什么样的故事？/17
《愚公移山》讲述了一个什么样的故事？/17
《揠苗助长》讲述了一个什么样的故事？/17
《画蛇添足》讲述了一个什么样的故事？/18
《井底之蛙》讲述了一个什么样的故事？/18
《刻舟求剑》讲述了一个什么样的故事？/18
中国古代民间故事有什么样的特点？/18
《白蛇传》讲述了一个什么样的故事？/19
《梁山伯与祝英台》讲述了一个什么样的故事？/19
《孟姜女哭长城》讲述了一个什么样的故事？/19
中国古代神话故事有什么特点？/19
什么是文言文？/20
文言文起源于什么时候？/20
什么是赋？/20

知识万花筒：古代文学中的借代现象/21
知识万花筒：文言文中的古今异义词/22

第二章 名作典籍

我国第一篇白话短篇小说是什么？/25
《红楼梦》中的"金陵十二钗"指谁？/25
中国古典四大名剧是什么？/25
被称为"乐府双璧"的是哪两首诗歌？/26
《孔雀东南飞》讲述了什么故事？/26
被称为"天下第一草书"的是什么？/26
《陋室铭》中"无丝竹之乱耳"的"丝竹"指的是什么？/27
鸿门宴指的是什么样的宴席？/27
中国十大古典悲剧是什么？/27
知识万花筒：我国各朝代名家/28
什么是"四书五经"？/29
《论语》主要记录了什么？/29
《大学》的主要内容是什么？/29
《中庸》的主要内容是什么？/29
《孟子》的主要内容是什么？/30
《诗经》的主要内容是什么？/30
《尚书》的主要内容是什么？/30
《礼记》的主要内容是什么？/30
《周易》的主要内容是什么？/31
《春秋》的主要内容是什么？/31
《左传》的主要内容是什么？/31

第一部道家经典是什么？/31
道家经典《庄子》的主要内容是什么？/32
第一部墨家经典是什么？/32
我国的四大名著是什么？/32
《水浒传》讲述了什么故事？/32
《水浒传》中哪位好汉徒手打死了老虎？/33
《三国演义》讲述了什么故事？/33
《草船借箭》是一个怎样的故事？/33
哪个历史人物跟"望梅止渴"有关？/34
《西游记》讲述了什么故事？/34
《红楼梦》讲述了什么故事？/35
我国第一部纪传体通史是什么？/35
我国第一部断代史是什么？/35
我国第一部编年体通史是什么？/35
我国第一部浪漫主义诗歌总集是什么？/36
《战国策》主要记录了什么？/36
被评为"写鬼写妖高人一等，刺贪刺虐入骨三分"的是哪部作品？/36
《三字经》包含什么内容？/37
《百家姓》的前四姓是按照什么排列的？/37
《千字文》包含什么内容？/37

古典小说中首部优秀的讽刺小说是什么？/38
中医四大经典著作是什么？/38
我国现存最早的中医理论著作是什么？/38
中药巨著《本草纲目》是谁写的？/38
《武经七书》包含哪七种？/39
我国古代最杰出的兵书是什么？/39
《神农本草经》是神农写的吗？/39
哪部著作被称为"中国17世纪的工艺百科全书"？/39
哪部著作在世界数学史上最早提出了负数概念？/40
《梦溪笔谈》是一本怎样的著作？/40

《骆驼祥子》这部小说讲述了什么？/40
老舍笔下的祥子是一个怎样的人？/41
《呼兰河传》是一部什么作品？/41
《俗世奇人》是一部什么作品？/41
知识万花筒：我国近代名家作品/42

第三章 历史习俗

中国古代对儿童的称谓有哪些？/43
人们用"而立""不惑""知天命"作为年龄的代称，它们出自哪里？/44
米寿是多少岁？/44
白寿是多少岁？/44
茶寿是多少岁？/44
知识万花筒：古时人们会怎么称呼自己的家人？/45

知识万花筒：古时人们会怎么敬称对方的家人？/45
"一日不见，如隔三秋"的"三秋"是多久？/46
秦始皇统一六国后，用哪种汉字统一了全国文字？/46
最古老的茶叶品种是什么？/46
我国的主要茶类有哪些？/46
文房四宝指的是什么？/47
"三教九流"原本分别指的是什么？/47
禅让制是一种什么制度？/47
"文武二圣"分别指的是谁？/48
送灶神时为什么要吃灶糖？/48

04

大年三十为什么叫除夕？/48

年在传说中是什么？/49

元宵节为什么要吃元宵？/49

清明节除了祭拜祖先，还能干什么？/49

端午节人们会做些什么？/50

十二生肖是怎么来的？/50

怎样快速地记住十二生肖及其顺序？/51

天干地支是什么？/51

"花中四君子"是指什么？/51

中医问诊有哪四种基本方法？/52

什么叫国讳？/52

什么叫圣人讳？/52

什么叫家讳？/53

什么叫宪讳？/53

汉字是怎么起源的？/53

什么叫象形字？/53

什么叫指事字？/54

什么叫会意字？/54

什么叫形声字？/54

什么是歇后语？/55

汉字的演变大致经历了几个阶段？/55

知识万花筒：古代对月份的各种雅称 /56

第四章　著名人物

谁是儒家学派的创始人？/57

谁是道家学派的创始人？/57

谁提出了"性恶论"？/57

谁提出了"性善论"？/58

我国古代哪位思想家主张"兼爱"和"非攻"？/58

"战国七雄"是哪七雄？/58

"三皇五帝"分别指的是谁？/59

中国唯一的女皇帝是谁？/59

哪位诗人被称为"诗仙"？/59

哪位诗人被称为"诗圣"？/59

哪位诗人被称为"诗佛"？/60

哪位诗人被称为"诗魔"？/60
哪位诗人被称为"诗鬼"？/60
哪位诗人被称为"诗神"？/61
哪位诗人被称为"诗狂"？/61
哪位诗人被称为"诗豪"？/61
哪位诗人被称为"诗杰"？/62
哪位诗人被称为"诗囚"？/62
史称"三班"的人是谁？/62
史称"三曹"的人是谁？/63
史称"苏门四学士"的人是谁？/63
史称"中兴四大家"的人是谁？/64
史称"竹林七贤"的人是谁？/64
史称"唐宋八大家"的分别是谁？/65
"初唐四杰"是谁？/66
"三瘦词人"指的是谁？/66
"吴中四才子"是谁？/66
周敦颐最爱的花是什么？/67
"群山万壑赴荆门，生长明妃尚有村"中的明妃指的是谁？/67
成语"沉鱼落雁""闭月羞花"分别指的是谁？/67
在西汉远嫁匈奴和亲的是谁？/68

"卧薪尝胆"的主人公是谁？/68
"指鹿为马"的主人公是谁？/68
"胡服骑射"的主人公是谁？/69
"扬州八怪"指的是谁？/69
八大山人指的是谁？/69
"二程"指的是谁？/69
被尊称为"药王"的是谁？/70
苏轼和黄庭坚之间的友谊被称为什么？/70
"管鲍之交"这个典故是怎么来的？/71
中国历史上第一个称皇帝的君主是谁？/71
哪位皇帝在位时使汉朝达到鼎盛？/71
唐太宗是一位怎样的皇帝？/72
"人生自古谁无死，留取丹心照汗青"是哪位民族英雄写的？/72
乾隆皇帝在位期间做了哪些事推动清朝的发展？/72
谁被称为"书圣"？/73
"画坛泰斗"是谁？/73
《蛙声十里出山泉》是哪位大师的作品？/73
知识万花筒：常见的人际关系称谓 /74

第五章 艺术音乐

中国古典十大名曲是什么？/75
唱念做打分别指什么？/75
中国四大名绣是什么？/75
古代音律中的五音是指什么？/76
下里巴人指的是人吗？/76
梨园弟子指的是从事哪个行业的人？/76
琴棋书画分别指的是什么？/77
中国古代四大名琴是什么？/77
京剧是怎么出现的？/77
中国影响最大的戏曲剧种是什么？/78
越剧有什么特点？/78

哪一种戏剧原名蹦蹦戏？/79
豫剧有什么特点？/79
书法需要什么工具？/79
《兰亭集序》是谁的作品？/80
中国十大传世名画是哪些作品？/80
国画有什么特点？/80
《千里江山图》是由谁创作的？/81
技击指的是哪项中国传统体育项目？/81
中国拳法包括哪些种类？/81
为什么将《义勇军进行曲》定为国歌？/82

哪种民族乐器有二十一根弦？/82
哪种民族乐器是弹拨乐器首座？/82
在唐朝由西域胡人传至中原的是哪种民族乐器？/82
"士无故不撤琴瑟"说的是哪种乐器？/83
中国古代著名大型打击乐器是什么？/83
汉族乐器中最有特色的吹奏乐器是什么？/83
中国剪纸有什么特点？/84
川剧变脸起源于哪个省？/84

第六章　科技地理

五行指的是哪五种元素？/85
五谷指的是哪五种作物？/85
六畜指的是哪六种动物？/86
"一寸光阴一寸金"中的"寸"是什么意思？/86
狼毫笔的原料是什么？/87
景泰蓝起源于什么时候？/87
青花瓷是哪个时期成功烧制出的？/87
"四不像"指的是哪种动物？/88
阳关大道最初指的是通往哪里的道路？/88
长城有多长？/89
古代地理中的阴阳是怎么划分的？/89
农历中的朔望分别是哪一天？/89
现存最早的雕版印刷品是什么？/90
京杭大运河最早是何时开凿的？/90
京杭大运河一共分为几段？/90
我国的国土面积有多大？/91
我国一共有多少个省？/91
我国疆域的四至点分别是哪里？/91
世界上规模最大的木结构建筑群是什么？/92
苏州古典园林有什么特点？/92

福建土楼有什么特点？/92
二十四节气是怎么来的？/93
春季有哪些节气呢？/93
夏季有哪些节气呢？/94
秋季有哪些节气呢？/94
冬季有哪些节气呢？/95
"皇家园林博物馆"是哪座园林？/95
哪个湖位于"人间天堂"？/96
"湖光秋月两相和，潭面无风镜未磨"写的是哪个湖？/96
中国南海陆地面积最大的群岛是什么？/96
黄果树瀑布出名始自哪位名人？/97
"五岳"是指哪五座山？/97
蔡伦改进了什么重要的技术？/97
活字印刷术是谁发明的？/98
火药最初是用于军事吗？/98
司南是什么？/98
瓷器业在历史上哪个朝代发展最繁荣？/99
中国有哪四大瓷窑？/99
长城在古代有什么作用？/99
都江堰的特征是什么？/99
世界上现存年代最久远的单孔石拱桥是哪一座？/100
莫高窟为什么是世界上最大的佛教艺术宝库之一？/100
被誉为"世界第八大奇迹"的是哪个文化遗产？/100
知识万花筒：四大名窟与四大名园/101

第一章
文学常识

诗歌最早出现在什么时候？

诗歌最早出现于先秦时期，是一种以抒情为主要特点的文学体裁，它能够高度集中地概括和反映社会生活以及作者的思想情感。诗歌是世界上最古老、最基本的文学形式之一。在中国古代文学中，不合乐的被称为诗，合乐的被称为歌。无论是诗还是歌，都需要按照一定的音节和韵律要求来创作，以表现当时社会生活和人的精神世界。

古代诗歌可以分为哪些类别？

诗歌按题材可分为叙事诗、抒情诗、送别诗、边塞诗、山水田园诗、怀古诗、咏物诗、悼亡诗、讽喻诗等。

诗歌按照音律可以分为古体诗（楚辞体、乐府诗等）和近体诗（律诗、绝句）。

乐府诗是起源于哪个时期的诗歌？

乐府诗起源于汉代。乐府原本是汉代掌管音乐的官署的名称，汉代人把乐府机关编录和演奏的诗篇称为歌诗，魏晋六朝时期的人们开始把这些歌诗称为乐府或乐府诗，并把它们单独归类成一种诗体。

知识加油站

现在，我们把魏晋以后历代文人作家仿作的讽诵吟咏的诗歌作品也称乐府诗。

《木兰辞》描述的是一个什么故事？

《木兰辞》描述的是传说中的女将花木兰替父从军的故事。花木兰的故事体现了女性的勇敢和忠诚，成为千古佳话。

古体诗和近体诗有什么区别？

古体诗是与近体诗相对应的诗体。诗歌的格律在唐代初期定型，在此之前的都叫古体诗，古体诗不讲究对仗，押韵较为自由。近体诗是相对于古体诗而言，对字数、句数、平仄、用韵等都有严格规定。近体诗包括绝句、律诗等。

诗歌中常用什么来表达情感？

意象是诗歌中用来表达情感、描绘景象或象征某种意义的具体事物或抽象概念。它是诗人通过感觉、联想和想象等心理过程，将客观事物转化为艺术形象的一种手段。在古诗中，意象的运用丰富多样。

什么是借代？

借代是一种修辞手法，它不直接说出所要表达的人或事物的名称，而是用与之有密切关系的另一事物来代替。这种修辞方法可以使句子更加形象具体，引人联想。例如："朱门"指代富贵人家，"巾帼"指代妇女，"丹青"指代绘画。

梅花在诗词中常被赋予什么意象呢？

梅花以其傲立雪中、不畏严寒的特性，象征着坚韧不拔、自强不息的精神品质。同时，梅花也象征着高洁、清雅和超脱的品质。它的气味清香幽远，给人一种高雅脱俗的感觉。梅花在文学和绘画艺术中是重要的题材，许多诗人和画家通过描绘梅花来表达自己的情感和理想。

为什么在陶渊明的作品中,菊花总是受到偏爱呢?

菊花常被视为高洁、雅致的象征。它的花瓣紧密而细长,色彩纯净而鲜明,给人一种清新脱俗的感觉。在诗词中,菊花常被用来比喻品行高洁、不随波逐流的人。此外,菊花还常常与隐逸、超脱的意象相联系。

知识加油站

在陶渊明的《饮酒》等作品中,菊花成为隐者生活的象征,表现了诗人对隐居田园、远离世俗纷扰的向往。

古代亲友离别时,会互赠什么呢?

在古代,人们常常在送别亲友时折柳相赠,寓意友谊和情感的延续。这种传统逐渐演变成了"折柳送别"的文化习俗,使杨柳成为离别时眷恋不舍的情感的象征。唐代大诗人李白就曾经写下"此夜曲中闻折柳,何人不起故园情"的诗句。

鸿雁在古代经常被当作什么的象征?

鸿雁常被当作思念或书信的象征。鸿雁作为候鸟,其定期迁徙的特性使其成为思乡之情的象征。鸿雁每年南北往返,而许多人在外乡滞留,因此鸿雁的迁徙常常触发诗人对家乡的思念。鸿雁在诗词中还被赋予书信的象征。古代有雁足传书的典故,因此鸿雁常被用来比喻远方的音信或表达思念之情。

"杨花落尽子规啼"的"子规"是什么？

子规，即杜鹃鸟，在诗词中承载着丰富而深刻的意象。它常常被用来表达凄苦、哀怨、思念以及忠贞等情感。传说杜鹃啼血，声声悲切，这使其成为抒发悲苦和哀怨之情的象征。诗人常借子规之声，表达对人生苦短、世事无常的感慨，或是抒发对逝去亲人的思念之情。

猿猴的意象在古代文学作品中通常被用来表达什么？

猿猴多生活在高山深涧、密林等偏僻之地，其叫声在空旷的山谷中久久回荡，更显孤寂、凄凉，为诗歌增添萧瑟、落寞的氛围。另外，猿猴的叫声高亢、凄厉，类似于人类的哀号、哭泣，这种声音本身就易引发人们的悲伤情绪，使人触景生情，表达自身的不幸与愁苦。

"长亭更短亭"的"长亭""短亭"是什么？

长亭、短亭是古代城外路旁的亭子，五里设短亭，十里设长亭，供游人休息和送别，因此常被人们用来描绘离别的场景。长亭和短亭也因此被用来表达人们的思念之情。当诗人远离家乡或亲友时，长亭、短亭便成为他们寄托思念的地方。

琴在古诗中常被用来指代什么？

琴常被用来表达高洁的情操和超凡脱俗的境界。在古代文人心中，琴音清雅悠扬，能够洗涤尘世的烦扰，使人心灵得到净化，因此，琴是文人雅士们寄托情感、表达志向的重要工具。

知识加油站

琴在古诗中常常作为高雅文化的象征，代表文人的高尚情操。

在文学作品中，山的意象代表什么？

在文学作品中，山常常象征坚韧不拔，这主要是因为山本身的自然属性。山巍峨耸立，历经风雨、四季变化、岁月变迁依然屹立不倒。山的形态各异，有的如猛兽咆哮，有的似巨龙蜿蜒，这些峻峭挺拔的姿态被人们赋予了恒久不变、坚韧不拔的精神内涵。

在"逝者如斯夫"中，孔子感叹的是什么？

孔子在岸边看着江水滔滔不绝地流淌，就如同时光不停歇地流逝，人们无法阻止江水奔腾，也无法让时光停留，因此不由得感叹"逝者如斯夫，不舍昼夜"。水的流动是单向且不停歇的，就像时间只会一直向前，不会倒转，因此水常被人们用来比拟时光流逝。

古代诗人描写的"云"常常代表什么？

云在天空中自由飘荡，形状变幻无穷，不受拘束，远离尘世的喧嚣和纷扰，因此诗人常常将其作为闲适自在的心境的代表。如"白云千载空悠悠"，那飘荡千古的白云，给人一种悠然闲适之感；如"行到水穷处，坐看云起时"，诗人在安静地看云升起，体现出一种超脱尘世的自在心境。

月在古代作品中常常被用来指什么？

月常象征人们的思乡之情，古人离开家乡后，在不同的地方看到的月亮都和家乡的月亮是一样的，就容易引发对故乡的思念。月还象征着缺憾，因为月圆之时少，人们常见的月亮大多是处于弦月、残月等不圆满的状态，因此会让人联想到缺憾。

"好雨知时节"描绘的是什么季节？

"好雨知时节，当春乃发生"是唐代大诗人杜甫《春夜喜雨》中的句子，他描绘的是春季的夜雨。春雨常常被用来象征希望，因为它们滋润大地，促进万物生长，预示着新生命的开始和丰收的希望。在中国古代农业社会中，春雨对于农作物的生长至关重要，因此它成为希望和繁荣的象征。

在文学作品中，意象指的是什么？

意象是通过生动、具体、有形的形象描写来表达抽象思想、情感和主题的表现手法。"意"通常指的是诗人的情感、思想或欲表达的主题，是抽象的、内在的；"象"则是指具体的物象，如山水、花鸟、风雨等，是客观的、可感知的。当诗人通过文字将这两者融为一体时，就形成了我们所说的意象。

"巾帼"和"须眉"分别代指什么？

巾帼是古代妇女戴的头巾和发饰，后来借指妇女。在古代文学作品中，"巾帼"常被用来代指英勇善战的女性英雄，突出她们的勇敢和坚毅。

须眉指的是胡须和眉毛，古时男子以胡须、眉毛浓密为美，因此"须眉"便成为男子的代称。

"黄发垂髫"指的是哪两种人？

"黄发"在中国文化中常被用来代指老人，特别是年长的、有智慧的老人。古书中说："老则发白，白久则黄。"因此"黄发"被视为长寿老人的象征。

"垂髫"中的"垂"意为东西的一头挂下，"髫"则指古代儿童头上下垂的头发。因此，"垂髫"直接描绘了儿童头发长到可以垂下来的样子，生动地展现了孩童时期的特征，用以指代孩子。

"粉黛"指的是什么？

"粉"通常指的是化妆品中的粉质材料，用来涂抹于面部，以达到美白或修饰肤色的效果；"黛"则是指古代女子用来画眉的墨，常常是黑色的。将"粉"和"黛"合在一起，"粉黛"就成了一个象征，指代那些精心打扮、年轻貌美的女子。

"布衣"是什么意思？

"布衣"在中国古代是对普通百姓的一种称呼，字面意思为"用布做成的衣服"。

知识加油站

在古代社会，贵族或有权势的人通常会穿着用丝绸或其他高级材料制成的衣物，而普通百姓由于经济条件的限制，只能穿用普通布料制作的衣物，因此，"布衣"就成为普通百姓的代称。

"纨绔"是什么意思？

"纨绔"这个词最初指的是一种用细绢制成的裤子，因其质地细腻、华丽，多为富贵人家所穿。后来，"纨绔"一词逐渐演变为对那些游手好闲、贪图享乐的富家子弟的代称。

"杏林"用来指代什么？

据说，在东汉时期，有一位名叫董奉的名医，他医术高超，治病救人无数。更为人们所称道的是，他医治病人从不收取钱财，而是让病愈者在其住宅周围栽种杏树，以此作为对他医术的感谢。所以"杏林"成为中医学界的代名词。

"化干戈为玉帛"中的"玉帛"指什么?

玉帛常指古代祭祀、会盟、朝聘等场合所用的玉器和丝织品，或者借指执献玉帛的诸侯或外国使者。在古代，玉帛还是诸侯国之间、诸侯与天子之间见面时互赠的礼物，用以表示和好，是和平共处的表征。"化干戈为玉帛"就是将战争化为和平的意思。

"椿萱"指的是什么?

"椿"字通常与父亲相联系。椿树是古代传说中一种长寿的大树，用"椿"代指父亲，包含着希望父亲像椿树一样健康长寿的意义。"萱"字则与母亲紧密相连。萱草在古代文化中被视为一种忘忧草，能使人忘却烦恼。所以"椿萱"用来指代父母。

知识加油站

古时游子远行时，会在母亲的住所旁种植萱草，以免母亲惦念自己，为母亲解忧，因此，"萱"指代母亲。

阡陌是什么意思?

阡陌原指田地之间纵横交错的小路。阡指南北方向的小路，陌指东西方向的小路。这个词来源于古代农耕社会，那时农田中的小道和灌溉渠道纵横交错，形成了独特的田野景观。在文学作品中，"阡陌"常用来代表乡村。

知识万花筒

古代文学中的常见意象

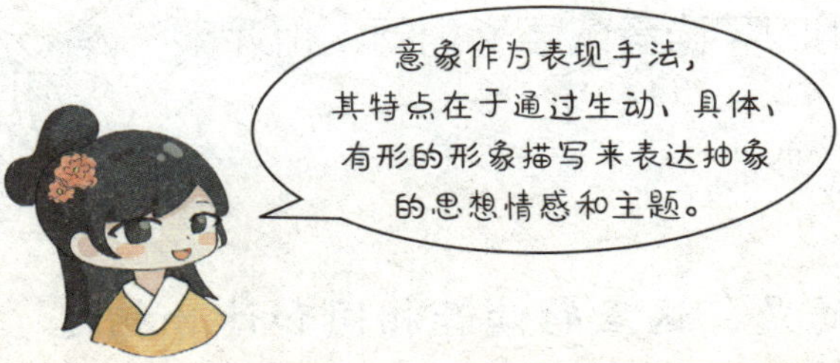

> 意象作为表现手法,其特点在于通过生动、具体、有形的形象描写来表达抽象的思想情感和主题。

梅花 不屈不挠	**牡丹** 富贵荣华	**莲花** 高尚纯洁
菊花 清新高雅	**兰花** 高洁淡雅	**松柏** 坚忍不拔
竹子 不卑不亢	**杨柳** 眷恋不舍	**浮萍** 漂泊无依
禾黍 兴衰存亡	**黄叶** 萧瑟凄凉	**草** 坚韧顽强

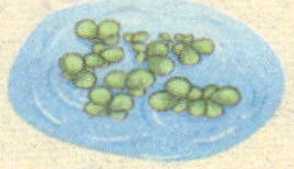

什么是通假字？

通假字，是中国古书用字现象，书写者出于各种原因（如字的缺失、避讳、别字等），使用了一个与原本应该使用的字读音或字形相同、相近的字来代替本字。

知识加油站

需要注意的是，这里的读音相同和读音相近是根据古音来说的，而不是根据现代汉语的发音，所以我们在辨别通假字的时候，不能以现代汉语的发音为依据。

常见的文言文虚词有哪些？

虚词是指那些没有完整意义的词汇，但它们具有语法意义或功能。虚词在句子中不能独立成句，通常需要配合实词来完成语法结构，并对实词起到协助作用。文言文中常见的虚词有之、而、然、乃、以、乎等。

赋是一种什么文体？

赋是一种介于诗歌和散文之间的古代中国文学体裁，注重声律谐协，讲究辞藻和用典，多用铺陈叙事的手法，侧重借景抒情，大多以颂美和讽喻为创作目的。

序是一种什么文体？

序是一种引言性质的文体，通常用于书籍、文章或文集的开头，对作品的内容、创作背景、目的或作者的意图进行介绍和说明。序可以由作者自己撰写，也可以请他人代写，他人代写的序通常被称为代序。

"忽如一夜春风来，千树万树梨花开"描写的是哪种情景？

这句诗出自唐代大诗人岑参的《白雪歌送武判官归京》，诗句描述了雪花装点树枝，使树上看起来像开满了梨花的壮美情景。

哇！下雪啦！让我有了写诗的灵感！

八股文中的"八股"指的是哪八股？

八股文中的"八股"指的是破题、承题、起讲、入手、起股、中股、后股、束股。八股文是明清科举考试的一种文体，文体格式及文章内容要求都非常严格，限制了人们发挥。

"留取丹心照汗青"中的"汗青"指的是什么？

汗青指代史册。在纸张出现以前，人们用竹简记事，制作竹简的青竹被称为青。处理青竹时要用火烤，青竹片被烤得冒出水珠，就像出汗了一样，这道工序就被称为汗青，后来汗青被用来指代竹简，又逐渐演变成史册的代称。

诗句"各领风骚数百年"中"风骚"的原意是指什么？

"风"指《国风》，"骚"指《离骚》，它们分别是《诗经》和《楚辞》中的代表性作品，共同奠定了现实主义和浪漫主义创作方法的基础，对中国的文学发展产生了重要影响，因此后世也用"风骚"代指文学。

骈文有什么特点？

骈文是魏晋以后产生的一种文体，它的特点在于通篇文章的字句两两相对，不仅句法结构相互对称，词语也要对偶，同时讲究音律和谐。

> **知识加油站**
>
> 唐代王勃的《滕王阁序》就是一篇辞藻华丽的骈文，序中"落霞与孤鹜齐飞，秋水共长天一色"更是千古名句。

中国四大民间传说是什么？

中国四大民间传说是《牛郎织女》《孟姜女》《梁山伯与祝英台》和《白蛇传》，它们分别塑造了几位勇敢追求幸福和爱情自由的女性形象，反映了人们对封建礼教和苛政的反抗。这些故事都是由民众集体创作的，带有不同的地方色彩。

金兰之交是什么交情？

金兰之交源于《周易》中的"二人同心，其利断金；同心之言，其臭如兰"。人们用"金兰"来比喻朋友之间深厚的情谊，特别是指那种志同道合、心意相通的友谊。

豆蔻年华是指什么年龄？

"豆蔻年华"这一说法源于唐代诗人杜牧的《赠别》："娉娉袅袅十三余，豆蔻梢头二月初。"

知识加油站

杜牧用"豆蔻"来比喻十三四岁的少女，形容她们如同早春二月含苞待放的豆蔻花，充满了青春的活力和朝气。

什么是名词？

名词是词类的一种，用来指称人、事物、地点、概念等实体或抽象事物的名称。它们在句子中通常担任主语、宾语或定语等角色。

什么是动词？

动词是表示动作、状态或存在等的词，是句子中重要的成分。在句子中，动词可以用来描述主语所进行的动作或所处的状态。动词有多种形态变化，可以表示时态、语态、语气等语法特征。

什么是记叙文？

记叙文是以记叙、描写为主要表达方式，以记人、叙事、写景、状物为主要内容的一种文体。从内容及表达方式分为简单记叙文、复杂记叙文。从写作对象的不同分为以写人为主的记叙文、以叙事为主的记叙文、以写景为主的记叙文、以状物为主的记叙文。

> 记叙文通常包括时间、地点、人物、起因、经过、结果六要素。

什么是应用文？

应用文是一种切合日常生活、工作及学习的实际需要，具有一定格式、篇幅短小、简明通俗的实用文体。

知识加油站

应用文主要有这样几种类型：书信类，如感谢信、表扬信；笔记类，如日记、读书笔记；公文类，如通知、调查报告；宣传类，如报告稿、演讲稿；告示类，如启事、海报；礼仪类，如贺信、贺电；契据类，如借条、合同；传志类，如传记、地方志。

> 应用文主要用于传播信息。

什么是寓言？

寓言是一种用比喻性的故事来寄托意味深长的道理，给人以启示的文学体裁。它通常篇幅短小，语言精辟简练，结构简单却极富表现力。寓言通过比喻、夸张、象征、拟人等手法，使富有教育意义的主题或深刻的道理体现在简单的故事中。

《自相矛盾》讲述了一个什么样的故事？

《自相矛盾》讲述了一个卖矛和盾的人夸耀自己的商品，却陷入自相矛盾的境地，无法自圆其说的故事。故事揭示了言语或行为前后抵触、无法自洽的荒谬性。

《愚公移山》讲述了一个什么样的故事？

《愚公移山》中的愚公不畏艰难，决心移走挡在家门前的大山，最终通过不懈努力感动天神，实现了移山目标，体现了古代劳动人民坚韧不拔和持之以恒的精神。

《揠苗助长》讲述了一个什么样的故事？

《揠苗助长》中的农夫急于求成，拔高禾苗反而导致禾苗枯死。故事警示人们应遵循自然规律，不可急于求成，以免弄巧成拙。

《画蛇添足》讲述了一个什么样的故事？

在《画蛇添足》的故事中，几个楚国人比赛画蛇，其中一个人画得很快，为了显示自己的能力，他给蛇画上了脚。结果，他却因此输了，因为蛇本身是没有脚的。这个故事告诫我们做事不要多此一举，否则会弄巧成拙。

《井底之蛙》讲述了一个什么样的故事？

《井底之蛙》讲述了井底之蛙只知井中世界，以为天空只有井口大小的故事。故事讽刺了见识短浅、孤陋寡闻的人，提醒人们要开阔眼界，增长见识。

《刻舟求剑》讲述了一个什么样的故事？

《刻舟求剑》讲述了一个楚国人在船上不慎丢失了剑，他在船上刻下记号，希望等船靠岸后按照记号找回剑的故事。这个故事讽刺了那些不顾实际情况，拘泥成例的人。

中国古代民间故事有什么样的特点？

中国古代民间故事以其丰富的想象力、生动的情节和深刻的文化内涵，受到人们的喜爱。

你知道中国四大民间故事是什么吗？

知识加油站

这些故事通常反映了古代人民的生活习俗、信仰观念、价值观念等。

《白蛇传》讲述了一个什么样的故事？

《白蛇传》讲述了修炼成人形的白蛇与凡人许仙的曲折爱情故事，体现了当时的人民对自由恋爱的向往和对封建束缚的反抗。

《梁山伯与祝英台》讲述了一个什么样的故事？

《梁山伯与祝英台》描绘了祝英台女扮男装求学，与梁山伯相识相爱，却最终因世俗阻碍而以悲剧收场的凄美故事，被誉为"爱情的千古绝唱"。

《孟姜女哭长城》讲述了一个什么样的故事？

《孟姜女哭长城》讲述了孟姜女为寻找被抓去修长城的丈夫，哭倒长城的感人故事，展现了对坚贞不渝的爱情的歌颂和对残酷统治的控诉。

中国古代神话故事有什么特点？

中国古代神话故事以其奇特的想象、神秘的色彩和蕴含的深刻的哲理而著称。这些故事通常描绘了神仙、妖怪、英雄等形象，讲述了他们的神奇经历和超凡能力。

知识加油站

古代神话故事反映了古代人民对自然、宇宙和生命的认知和想象。

什么是文言文？

文言文，又称古文或雅言，是指中国古代的书面语言形式，它是以先秦时期的口语为基础而形成的书面语，在随后的历史长河中不断发展演变。

知识加油站

不同于现代汉语（白话文），文言文注重语法的严谨和表达的典雅，常常通过简练的文字传达深厚的意义。

文言文起源于什么时候？

文言文起源于先秦时期。文言文简洁、精练，常用于记录历史、哲学和文学作品。

知识加油站

文言文在中国历史上长期作为主要的书面交流形式，直到20世纪初白话文运动兴起，文言文的地位才逐渐被现代汉语所取代。

什么是赋？

赋是一种古代文学体裁，以铺陈描写为主，讲究辞藻华美、韵律工整，兼具诗歌和散文的性质。例如司马相如的《子虚赋》、班固的《两都赋》等。

知识万花筒

古代文学中的借代现象

戎马 → 战争	杏林 → 中医学界	鸿雁 → 书信	庙堂 → 朝廷
汗青 → 史册	华盖 → 运气	杜康 → 美酒	社稷 → 国家
烽烟 → 战争	玉帛 → 和平	轩冕 → 官位爵禄	椿萱 → 父母
干戈 → 兵器	青丝 → 青春	丹青 → 绘画	黄卷 → 书籍
桃李 → 学生	蒹葭 → 飘零	肝胆 → 诚意	碧血 → 忠贞

知识万花筒

文言文中的古今异义词

妻子

古义：妻子和儿女。
例句：率妻子邑人来此绝境。
　　　　　　　　——《桃花源记》

今义：男子的配偶。
例句：他和他的妻子一起去旅行。

丈夫

古义：男子，男孩子。
例句：生丈夫，二壶酒，一犬。
　　　　　　　　——《勾践灭吴》

今义：通常指已婚女子的配偶。
例句：她的丈夫是一位医生。

臭

古义：泛指各种气味，有香有臭。
例句：同心之言，其臭如兰。
　　　　　　　　——《周易·系辞上》

今义：专指难闻的气味。
例句：这堆垃圾真臭。

金

古义：泛指一切金属。
例句：金就砺则利。
　　　　　　　　——《荀子·劝学》

今义：专指黄金。
例句：这次比赛他夺得了金牌。

汤

古义：热水。

例句：冬日则饮汤。
　　　　　　　——《孟子·告子上》

今义：菜肴烹饪后产生的汁液。

例句：这碗汤真好喝。

粮

古义：指外出时随身携带的干粮。

例句：适莽苍者，三餐而反，腹犹果然；适百里者，宿舂粮；适千里者，三月聚粮。
　　　　　　　——《庄子》

今义：泛指各种粮食。

例句：今年粮食丰收，农民们都很开心。

响

古义：回声。

例句：空谷传响，哀转久绝。
　　　　　　　——《水经注·三峡》

今义：泛指各种声音。

例句：教室里突然传来了一连串响声。

菜

古义：专指蔬菜。

例句：菜，草之可食者。
　　　　　　　——《说文解字》

今义：泛指各种食物。

例句：妈妈到超市买菜。

饿

古义：严重的饥饿，甚至危及生命。 
例句：家有常业，虽饥不饿。
　　　　　　　　——《韩非子·饰邪》

今义：感到肚子空，需要进食。 
例句：我中午没吃饭，现在感觉有点儿饿了。

怨

古义：表示强烈的怨恨、仇视。 
例句：构怨于诸侯。
　　　　　　　　——《齐桓晋文之事》

今义：通常指不满、埋怨等情绪。 
例句：我对她的迟到有些怨言，但她解释路上堵车，我就原谅她了。

恨

古义：遗憾、不满意。
例句：先帝在时，每与臣论此事，未尝不叹息痛恨于桓、灵也。——《出师表》

今义：仇恨、怀恨。
例句：他因为上次的误会一直恨着那个人。

诛

古义：责备。 
例句：朽木不可雕也，粪土之墙不可圬也，于予与何诛？——《论语·公冶长》

今义：杀戮、铲除。 
例句：古代帝王常常诛杀叛臣贼子以维护统治。

第二章
名作典籍

我国第一篇白话短篇小说是什么？

鲁迅先生的《狂人日记》是我国第一篇用现代体式创作的白话短篇小说。小说用十三则白话日记的形式，记述了一个精神病人的精神状态和心理活动，批判礼教的弊病和国民的麻木。

《红楼梦》中的"金陵十二钗"指谁？

"金陵十二钗"指的分别是林黛玉、薛宝钗、王熙凤、贾元春、贾迎春、贾探春、贾惜春、贾巧姐、李纨、史湘云、秦可卿和妙玉，她们是《红楼梦》中十二个重要的女性角色。

中国古典四大名剧是什么？

中国古典四大名剧是元代王实甫的《西厢记》、明代汤显祖的《牡丹亭》、清代洪昇的《长生殿》和清代孔尚任的《桃花扇》，它们塑造的人物形象鲜明，语言优美，是我国古典戏剧的代表作。

被称为"乐府双璧"的是哪两首诗歌?

《孔雀东南飞》和《木兰辞》被合称为"乐府双璧",它们都是长篇叙事诗,《孔雀东南飞》是汉乐府叙事长诗,《木兰辞》则是北朝时期的乐府民歌,无论从题材还是从艺术手法上,它们都创造了中国叙事诗的典范。

《孔雀东南飞》讲述了什么故事?

《孔雀东南飞》讲述了刘兰芝、焦仲卿夫妇忠于爱情,为了反抗压迫双双殉情的家庭悲剧,歌颂了他们的叛逆精神,寄托了人们对爱情、婚姻自由的向往,揭露了封建礼教的黑暗与罪恶。

被称为"天下第一草书"的是什么?

《自叙帖》被称为"天下第一草书"。它是唐代书法家怀素的作品,内容是怀素自述学书渊源、经历并摘录当时名人赞扬其草书的序文诗句。

知识加油站

怀素曾经多次书写《自叙帖》,内容基本相同,现在流传下来的墨迹长卷是摹本,收藏在台北"故宫博物院"中。

《陋室铭》中"无丝竹之乱耳"的"丝竹"指的是什么？

"丝竹"是我国传统民族弦乐器和管乐器的统称。"丝"指弦乐器，包括弹弦乐器和拉弦乐器；"竹"指管乐器。

知识加油站

后来，"丝竹"演化为音乐的代称，"无丝竹之乱耳"指的就是没有音乐的打扰。

鸿门宴指的是什么样的宴席？

鸿门宴指的是暗藏杀机、不怀好意的宴席，这个典故出自司马迁的《史记》。楚汉争霸时，项羽和刘邦在鸿门举行宴会，宴上范增屡次暗示项羽杀掉刘邦，但项羽犹豫不决，最后刘邦借口上厕所逃脱。从此以后楚汉战争正式拉开序幕。

中国十大古典悲剧是什么？

中国十大古典悲剧是元代关汉卿的《窦娥冤》、元代马致远的《汉宫秋》、元代纪君祥的《赵氏孤儿》、元代高明的《琵琶记》、明代李梅实的《精忠旗》、明代孟称舜的《娇红记》、清代李玉的《清忠谱》、清代洪昇的《长生殿》、清代孔尚任的《桃花扇》和清代方成培的《雷峰塔》。

知识万花筒

我国各朝代名家

我国各朝代名家

- 先秦时期 —— 诸子百家（老子、孔子、孟子等）、屈原

- 秦汉时期 —— 三班（班彪、班固、班昭）

- 三国时期
  - 三曹（曹操、曹丕、曹植）
  - 建安七子（孔融、陈琳、王粲等）

- 魏晋南北朝时期
  - 竹林七贤（嵇康、阮籍、山涛、向秀、刘伶、王戎、阮咸）、王羲之、陶渊明

- 唐宋时期
  - 初唐四杰、盛唐三大诗人、四大边塞诗人、苏门四学士、中兴四大家、唐宋八大家

- 元明清时期
  - 吴中四才子
  - 清代小说家

什么是"四书五经"?

"四书五经"是儒家经典"四书"与"五经"的合称。其中,"四书"指的是《论语》《大学》《中庸》《孟子》,"五经"指的是《诗经》《尚书》《礼记》《周易》《春秋》。

《论语》主要记录了什么?

《论语》主要记录了孔子及其弟子的言行和思想,涵盖了哲学、政治、伦理、教育等多方面的内容,由孔子弟子及其再传弟子所作。

《大学》的主要内容是什么?

《大学》是一篇论述儒家修身、齐家、治国、平天下思想的散文,它原是《小戴礼记》第四十二篇,是中国古代讨论教育理论的重要著作,南宋时期,它被列为"四书"之一。

《中庸》的主要内容是什么?

《中庸》原属《礼记》第三十一篇,论述人生的修养境界,认为中庸之道是道德行为的最高标准,即为人处世应追求适中、平衡,避免极端。

《孟子》的主要内容是什么？

《孟子》是记录战国思想家孟子及其弟子言行的著作，体现了孟子的性善论、民贵君轻、"行仁政"等思想，流传下来的有七卷。

《诗经》的主要内容是什么？

《诗经》是中国最早的诗歌总集，分为风、雅、颂三部分，反映了当时社会的生活和风土人情，流传下来的诗歌有三百多篇，作者大多已经无法考证。

《尚书》的主要内容是什么？

《尚书》意为"上古帝王之书"，包含各种形式的官方文告、命令、誓词和君臣间的谈话，保存了商周时期的重要史料，编纂者是各朝官吏。

《礼记》的主要内容是什么？

《礼记》是我国古代第一部记述各种典章制度的书籍，内容涉及古代社会的礼仪、习俗、教育等多个方面，现在流行的版本由西汉戴圣辑录。

《周易》的主要内容是什么？

《周易》是重要的儒家经典之一，被视为中国古代哲学的源头之一。它以卦象和爻辞为主要形式，探讨了自然、社会、人生等多方面的哲理，相传由周文王所作。

《春秋》的主要内容是什么？

《春秋》是我国现存的第一部编年体史书，是春秋时期鲁国的国史，按年记载了春秋时期鲁国及其他列国的政治、军事、外交等大事。《春秋》曾经过孔子的编辑。

《左传》的主要内容是什么？

《左传》是一部记述春秋时期历史的编年体史书，通过历史事件和人物言行反映当时的社会政治状况，据传由鲁国史官左丘明所作，也被称为《左氏春秋》。

第一部道家经典是什么？

《道德经》是第一部道家经典，也被称为《老子》，相传由道家学派创始人老子所作，阐述了道家的自然观、无为而治等思想，强调回归自然、顺应自然的哲学理念，对中国思想和文化产生了巨大影响。

道家经典《庄子》的主要内容是什么？

《庄子》是战国时期思想家庄子及其后学的著作，主要阐述了庄子的宇宙观、认识论、人生观等哲学思想，流传下来的有三十三篇，分为内篇、外篇和杂篇，内篇被认为是庄子所写。

第一部墨家经典是什么？

《墨子》是第一部墨家经典汇编，由墨家创始人墨子的弟子根据笔记整理而成，主要反映墨子的思想，包括政治、军事、哲学等方面。墨子主张兼爱、非攻、尚贤、尚同、节用、节葬、非乐、非命等，反对儒家的繁文缛节和亲亲相隐，提倡无差别的爱和反对非正义战争。

我国的四大名著是什么？

《水浒传》《三国演义》《西游记》《红楼梦》这四部古典长篇小说并称"四大名著"，《水浒传》《三国演义》成书于元末明初，《西游记》成书于明代，《红楼梦》则成书于清代。

《水浒传》讲述了什么故事？

《水浒传》由施耐庵所著，讲述了宋江、鲁智深等一百零八位好汉在梁山泊聚义、抵抗贪官污吏，最终接受招安的故事，刻画了三十多个血肉丰满、性格鲜明的人物，暴露了封建统治阶级的残暴和腐朽。

《水浒传》中哪位好汉徒手打死了老虎？

武松打虎的故事发生在景阳冈。一日，武松酒后行至冈上，忽见一斑斓猛虎扑来。武松临危不惧，挥起拳头与虎搏斗。他凭借一身武艺和过人的勇气，几番交手后，终于将猛虎击毙。此事被传为佳话，武松也因此名扬四海。

《三国演义》讲述了什么故事？

《三国演义》由罗贯中所著，以三国时期的历史为背景，展现了曹操、刘备、孙权等各方势力的纷争与角逐，以及人民所遭受的苦难，是我国长篇小说的开山之祖。

《草船借箭》是一个怎样的故事？

《草船借箭》的故事发生在三国时期赤壁之战前夕。诸葛亮向周瑜承诺在三天之内造出十万支箭。他利用大雾天气，将草人绑在船上接近曹军。曹操军队在雾中误以为是敌军来袭，于是向草船射箭。待到雾散，草船上已密密麻麻插满了箭，诸葛亮成功地完成了任务。

哪个历史人物跟"望梅止渴"有关？

东汉末年，曹操率领部队行军，途中烈日当空，将士们又热又渴，非常难受。于是曹操告诉手下的将士前面有一大片茂盛的梅林。将士们一听说梅子，就自然而然地想起酸味，从而流出口水，顿时不觉得那么渴了，精神焕发，继续行军。

《西游记》讲述了什么故事？

《西游记》讲述了唐僧师徒四人历经八十一难到西天取经的传奇故事，由吴承恩融合了长期以来与取经有关的民间故事、话本、戏剧等创作而成，借神怪故事批判现实。

《红楼梦》讲述了什么故事？

《红楼梦》原名《石头记》，前八十回由曹雪芹所著，后四十回被认为由高鹗所续。书中以贾、史、王、薛四大家族的兴衰为背景，展现了封建社会的种种弊端和人性的复杂多面，是我国现实主义古典小说的巅峰之作。

我国第一部纪传体通史是什么？

《史记》是我国第一部纪传体通史，西汉司马迁著，记载了上自传说中的黄帝、下至汉武帝太初年间三千年左右的历史，全书共一百三十篇，分为十二本纪、十表、八书、三十世家、七十列传。

我国第一部断代史是什么？

《汉书》是我国第一部断代史，主要由班固撰写，记载了自汉高祖元年到王莽地皇四年之间二百多年的历史，分为纪、表、志、传四部分，开创了"包举一代"的断代史的体例。

我国第一部编年体通史是什么？

《资治通鉴》是我国第一部编年体通史，北宋司马光撰，全书按照时间顺序编排，以时间为纲、事件为目，记载了从周威烈王时期到五代后周世宗之间一千多年的历史。

我国第一部浪漫主义诗歌总集是什么？

《楚辞》是我国第一部浪漫主义诗歌总集，浪漫主义诗人屈原的《离骚》是其中最有代表性的作品。

知识加油站

楚辞是战国时期兴起于楚国的一种诗歌样式，以其独特的文学样式、方言声韵和风土物产等，展现了浓厚的地方色彩。

《战国策》主要记录了什么？

《战国策》主要记录了战国时期纵横家游说各国时提出的主张和策略，以及纵横家之间的精彩辩论，由西汉刘向整理校定，一共十三篇。《战国策》的文辞华丽、刻画细腻，对后世影响深远。

被评为"写鬼写妖高人一等，刺贪刺虐入骨三分"的是哪部作品？

《聊斋志异》被郭沫若先生评价为"写鬼写妖高人一等，刺贪刺虐入骨三分"。这部文言短篇小说集由清代蒲松龄写成，通过将民间故事中的花妖狐鬼进行艺术化再创作，展现现实社会中的矛盾和斗争。

《三字经》包含什么内容？

《三字经》是我国的传统启蒙教材，内容包含中国传统文化中的文学、历史、哲学、天文地理等，简洁通俗，朗朗上口，是我国古代经典中最易懂的读本之一，古代儿童都是通过背诵《三字经》来识字的。

《百家姓》的前四姓是按照什么排列的？

《百家姓》成书于北宋时期，首句为"赵钱孙李"。因为宋朝开国皇帝姓赵，因此第一个姓就是赵。这本书据传是吴越地区的人所作，当时吴越国的国王姓钱、王后姓孙，江南地区的南唐国的国王姓李，因此依次是"钱孙李"。这四个姓是按照当时人们的政治地位排列的。

《千字文》包含什么内容？

《千字文》是周兴嗣按照梁武帝的要求，为了给诸皇子发蒙而编写的，全书每四字为一句，前后连贯，押韵自然，将天文地理、历史、农工、饮食起居、纲常礼教等浓缩到二百五十句话中，融知识和教化为一体。

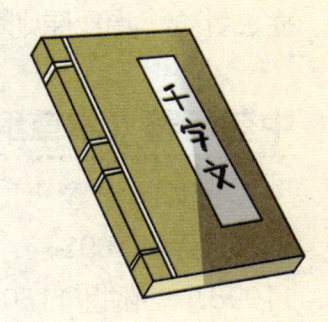

古典小说中首部优秀的讽刺小说是什么？

《儒林外史》是我国古典小说中第一部优秀的讽刺小说，由清代吴敬梓作，全书55回，通过描写一系列虚伪的文人的形象，讽刺当时的科举制度和社会的黑暗腐朽。作者采用了委婉、含蓄的讽刺手法，人物刻画传神，作品具有很高的艺术价值。

中医四大经典著作是什么？

中医四大经典著作分别是《黄帝内经》《难经》《伤寒杂病论》和《神农本草经》。《黄帝内经》成书于战国后期，《难经》大约成书于秦汉之际，《伤寒杂病论》由汉代医学家张仲景所撰，《神农本草经》成书于汉代。

我国现存最早的中医理论著作是什么？

《黄帝内经》是我国现存最早的中医理论经典著作，分为《素问》和《灵枢》两部分，论述了人体脏腑、经络、病因、病症、针灸、治疗原则等内容，是中医学的奠基之作。

中药巨著《本草纲目》是谁写的？

明代医学家李时珍所著的《本草纲目》，共收录药物1892种，新增药物374种，载药方11096个，附图1160幅，成为当时最系统、最完整、最科学的医药学著作，对后世影响深远，李时珍被尊为"药圣"。

《武经七书》包含哪七种？

《武经七书》是古代宫廷教育中的武学教材，包含《孙子》三卷、《吴子》二卷、《六韬》六卷、《司马法》三卷、《三略》三卷、《尉缭子》五卷、《李卫公问对》三卷，作为兵家经典被历代帝王所重视。

我国古代最杰出的兵书是什么？

《孙子兵法》是我国古代最杰出的兵书，由春秋末期军事家孙武所作，现存十三篇，按专题论说，包含战略运筹、作战指挥、战场机变、军事地理、特殊战法等内容，从古至今都备受推崇，对全世界影响深远。

《神农本草经》是神农写的吗？

《神农本草经》是编纂者托名神农所作，现在一般认为它成书于汉代，是我国现存最早的中药经典著作，是我国早期临床用药经验的第一次大总结，书中记载了三百多种药物。

哪部著作被称为"中国17世纪的工艺百科全书"？

明朝的发明家宋应星著的《天工开物》是世界上第一部关于农业和手工业生产的综合性著作。全书各篇详细描述了从原料到成品的全部过程，展现了中国17世纪在科学技术领域所取得的辉煌成就，被称为"中国17世纪的工艺百科全书"。

哪部著作在世界数学史上最早提出了负数概念？

《九章算术》在世界数学史上最早提出负数概念和正负数加减运算法则。这部著作一共分为9章，全书采用问题集的形式，收有246个与生产、生活实践有联系的应用问题，每道题都有题目、答案、解题的步骤，内容十分丰富。

《梦溪笔谈》是一本怎样的著作？

宋代科学家沈括所著的《梦溪笔谈》，是一部涉及古代中国自然科学、工艺技术及社会历史现象的综合性笔记体著作，被誉为"中国古代的百科全书"，在全世界都很有影响。

《骆驼祥子》这部小说讲述了什么？

《骆驼祥子》是中国现代文学家老舍的长篇小说。该作品以北平（北京）为背景，讲述了一位来自农村的人力车夫祥子在城市中的生活奋斗历程。他经历了三次买车又丢车，以及生活的种种磨难，反映了旧社会底层劳动人民的苦难和无奈。

老舍笔下的祥子是一个怎样的人？

老舍笔下的祥子是一个勤劳、坚韧但又命运多舛的人力车夫。他的性格一方面老实、坚忍、自尊好强、吃苦耐劳，另一方面麻木、潦倒、狡猾、好占便宜、自暴自弃。

《呼兰河传》是一部什么作品？

《呼兰河传》是中国近现代女作家萧红的长篇小说。作品以自传体的形式，描绘了东北边陲小镇呼兰河的风土人情和作者的童年回忆。书中展现了当地人的日常生活、风俗习惯以及与自然环境的和谐共生。

《俗世奇人》是一部什么作品？

《俗世奇人》是中国当代作家冯骥才的短篇小说集。作品以民国初期的天津为背景，展现了市井中各种奇特人物的生平事迹和独特技艺。这些人物以其非凡的才能和独特的个性，在平凡的生活中创造出不平凡的故事。

知识万花筒

我国近代名家作品

我国近代名家作品

- **鲁 迅**：《呐喊》《彷徨》《狂人日记》《阿Q正传》《朝花夕拾》

- **巴 金**：《家》《春》《秋》《雾》《雨》《电》

- **老 舍**：《骆驼祥子》《四世同堂》

- **茅 盾**：《子夜》《春蚕》《秋收》

- **叶圣陶**：《稻草人》《倪焕之》《多收了三五斗》

- **萧 红**：《呼兰河传》《生死场》

- **冰 心**：《繁星》《春水》《小桔灯》《寄小读者》

- **艾 青**：《我爱这土地》《大堰河——我的保姆》

- **徐志摩**：《再别康桥》《沙扬娜拉》

- **郭沫若**：《女神之再生》《湘累》《棠棣之花》

第三章

历史习俗

中国古代对儿童的称谓有哪些？

度：也称"初度"，指小儿初生之时。

汤饼之期：指婴儿出生三日。

襁褓：未满周岁的婴儿。

乳儿：一周岁以下的婴儿。

孩提：大约两岁到三岁的儿童。

垂髫：大约三岁到七岁的儿童，他们的头发开始垂下。

黄口：十岁以下的儿童，他们的牙齿还未长全。

幼学：大约六岁到十岁的儿童，可以开始学习。

总角：大约七岁到十二岁的儿童，他们的头发开始束起。

人们用"而立""不惑""知天命"作为年龄的代称，它们出自哪里？

这些称呼出自孔子所说的"吾十有五而志于学，三十而立，四十而不惑，五十而知天命，六十而耳顺，七十而从心所欲，不逾矩"，后来人们就用"而立"代指三十岁，"不惑"代指四十岁，"知天命"代指五十岁。

米寿是多少岁？

米寿是八十八岁的雅称。将"米"字拆开，上下各是一个八，中间还有一个十，因此可以借指八十八，米寿便用来代指八十八岁。

白寿是多少岁？

白寿指的是九十九岁。将"百"字去掉上面的"一"，就是"白"，因此"白"可以看作百数减一，即九十九，因此白寿就成为九十九岁的雅称。

茶寿是多少岁？

茶寿指的是一百零八岁。"茶"字的草字头可以看作双十，相加即为二十；中间的"人"分开可以看作八，底部的"木"可以看作十和八，连起来可以看作八十八。二十加上八十八就是一百零八，因此茶寿便用作一百零八岁的雅称。

> 知识万花筒

古时人们会怎么称呼自己的家人？

家父 / 家严 对他人提及自己的父亲时的谦称。

家母 / 家慈 对他人提及自己的母亲时的谦称。

家兄 / 家姐 对他人提及自己的哥哥或姐姐时的谦称。

舍弟 / 舍妹 对他人提及自己的弟弟或妹妹时的谦称。

内子 / 内人 对他人提及自己的妻子时的谦称。

犬子 / 小儿 对他人提及自己的儿子时的谦称。

小女 对他人提及自己的女儿时的谦称。

古时人们会怎么敬称对方的家人？

令尊 对方的父亲。

令堂 对方的母亲。

令兄 对方的哥哥。

令姐 对方的姐姐。

令郎 / 令嗣 对方的儿子。

令嫒 对方的女儿。

令正 / 令妻 对方的妻子。

"一日不见,如隔三秋"的"三秋"是多久?

三秋指的是三个季节,大约九个月的时间。这句话来源于《诗经》中的《采葛》,"一日不见,如三秋兮",用来形容思念情人而不得见的忧愁心情。

秦始皇统一六国后,用哪种汉字统一了全国文字?

秦始皇统一六国后,实行"书同文"的政策,用小篆统一全国文字,使更加匀称规整的小篆成为官方推行的标准书体。

知识加油站

东汉许慎的《说文解字》中一共收录了九千多个小篆。

最古老的茶叶品种是什么?

绿茶是最古老的茶叶品种,通过杀青、捻揉和干燥等工序加工而成,因为没有发酵过程,因此更多地保留了茶叶中的天然物质。绿茶是我国的主要茶类之一,龙井、碧螺春、毛尖都属于绿茶。

我国的主要茶类有哪些?

我国主要有六大类茶,分别是绿茶、红茶、青茶、白茶、黄茶和黑茶。其中绿茶是不发酵茶,红茶、青茶、白茶、黄茶和黑茶都要经过不同程度的发酵。青茶也称乌龙茶。

文房四宝指的是什么？

文房四宝是笔、墨、纸、砚等传统书画材料的统称。这四样材料都有悠久的发展历史，其中以安徽泾县的宣纸、安徽歙县的歙墨、广东端州的端砚、浙江吴兴的湖笔较为著名。

"三教九流"原本分别指的是什么？

"三教"指儒教、佛教、道教三教；"九流"指先秦至汉初的九大学术流派，分别是儒家、阴阳家、道家、法家、农家、名家、墨家、纵横家、杂家。

禅让制是一种什么制度？

禅让制是传说时代中原始社会首领的传承方式，特点是继任的首领必须经过公众推举和议事会认可。

知识加油站

在古代传说中，尧通过禅让将首领的位置传给了舜，舜将位置禅让给了禹。

"文武二圣"分别指的是谁?

"文武二圣"分别指的是孔子和关公。孔子是儒家学派的创始人,自汉代便受到历代统治者的尊崇,被封为"大成至圣先师""文圣"。关羽是东汉末年名将,他忠义勇武,不为金银财宝所动,民间尊其为"关公",清代雍正时期,关公被尊为"武圣"。

送灶神时为什么要吃灶糖?

农历腊月二十三日或二十四日时,家家户户会举行祭灶仪式,送灶神上天汇报人间善恶。这一天,人们会用灶糖祭灶,因为灶糖又黏又甜,以前的人们认为这样能够粘住灶神的嘴,让他上天只说好事。

大年三十为什么叫除夕?

农历年的最后一天就是除夕,又称为大年夜,是中国传统节日春节的前夕。除夕的由来,有不同的说法。有一种说法是古时候人们把农历年最后一天的晚上称为岁除,意味着一年的结束。而"除"在这里有除去、结束的意思,因此这个夜晚被称为除夕。

年在传说中是什么？

我们把过春节也称为过年。古代人们认为年是一种凶猛的怪兽，每到年末就会来伤害人畜和破坏庄稼。后来人们发现年怕红色、火光和巨大的响声，于是便在年末用燃放鞭炮、挂红灯笼和春联等方式来驱赶年兽。

元宵节为什么要吃元宵？

元宵节吃元宵的习俗源于宋代。当时明州（现为浙江省宁波市）时兴吃一种新奇的食品，这种食品最早叫浮元子，后称元宵。元宵象征着团圆和美满，在这一天，人们通过吃元宵来庆祝节日，寓意着家庭和睦、幸福美满。

清明节除了祭拜祖先，还能干什么？

清明节，又称踏青节，是祭祀祖先和扫墓的日子。在这一天，人们会前往祖先墓地，献上鲜花、纸钱等物品，表达对先人的怀念和敬意。同时，清明节也是踏青的好时节，人们会到郊外游玩，享受春天的美好时光。

知识加油站

清明节还有荡秋千、放风筝、植树、插柳等习俗。

中华文化1000问

端午节人们会做些什么？

端午节在农历五月初五，以吃粽子、赛龙舟为主要习俗。粽子是用糯米和各种馅料包裹而成的美食，寓意着团圆和丰收。赛龙舟则是为了纪念古代爱国诗人屈原而兴起的活动，展现了团队协作和奋勇争先的精神。

知识加油站

端午节还有悬挂菖蒲和艾草、佩香囊、饮用雄黄酒、吃五毒饼和咸蛋等习俗。

十二生肖是怎么来的？

关于十二生肖的起源，有很多不同的说法。流传得最广的一种是：玉帝要选十二种动物作为人类的生肖，动物们为了争得一个名额，纷纷报名参加。经过一场激烈的比赛，鼠、牛、虎、兔、龙、蛇、马、羊、猴、鸡、狗、猪这十二种动物被确定为生肖。

怎样快速地记住十二生肖及其顺序？

可以通过《十二生肖顺口溜》来记忆：老鼠前面走，跟着老黄牛。老虎大声吼，兔子抖三抖。天上龙在游，地上蛇在扭。马儿路边遛，羊儿过山沟。猴子翻筋斗，公鸡喊加油。守门大黄狗，贪睡肥猪头。

天干地支是什么？

天干地支，简称"干支"，源于中国远古时代对天象的观测，它们由一组天干和一组地支所组成，被用以计时和标记年月日。天干有十个，分别是甲、乙、丙、丁、戊、己、庚、辛、壬、癸。地支有十二个，依次是子、丑、寅、卯、辰、巳、午、未、申、酉、戌、亥。

"花中四君子"是指什么？

"花中四君子"通常指的是梅、兰、竹、菊四种植物，它们在中国传统文化中享有极高的声誉，被视为高尚品格的象征。

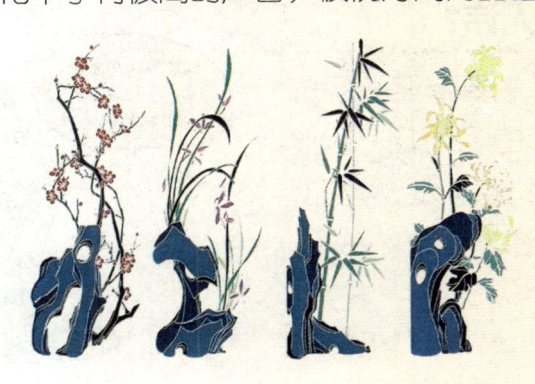

中医问诊有哪四种基本方法？

中医诊断疾病有四种基本方法，分别为望诊、闻诊、问诊和切诊。这四种方法各有特点，相互补充，共同构成了中医独特的诊断体系。

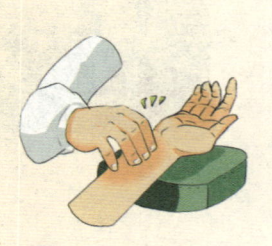

什么叫国讳？

国讳是古代避讳中最严格的形式，主要指避皇帝及其父祖的名讳。

知识加油站

唐朝皇族姓李，由于避讳，鲤鱼（鲤）变成了赤鲜公、点额鱼，甚至出现了禁止捕捞鲤鱼的法令。

什么叫圣人讳？

圣人讳主要指避孔子的名讳。孔子的名为丘，因此在清代，姓丘的人改姓邱，以避孔子的讳。

> 我还可以用改字法、空字法、缺笔法来避讳。

什么叫家讳？

家讳，顾名思义就是指家族内部避父祖名讳的做法。

知识加油站

传说因为杜甫的母亲名海棠，所以杜甫虽居四川多年，却从未写过关于海棠的诗。

什么叫宪讳？

宪讳是指避上司官员的名讳。宋时有州官田登，因避讳其名，将"点灯"改为"放火"，导致出现了"只许州官放火，不许百姓点灯"的讽刺说法。

汉字是怎么起源的？

汉字的起源可以追溯到约五千年前的甲骨文，这是目前已知最早的汉字形式。

我还知道《仓颉造字》的故事。

知识加油站

甲骨文在商朝时期主要用于记录占卜结果，是刻在龟甲或兽骨上的文字。

什么叫象形字？

象形字是模仿事物的形状来创造的字。例如"马"字是模仿马的外形，又如"山"字是模仿山的轮廓。

马字甲骨文　　山字甲骨文

什么叫指事字？

指事字是通过简单的符号来表示抽象概念的字。例如："上"字字形表示方向上的上方，"下"字字形表示方向上的下方。

上的甲骨文　　下的甲骨文

什么叫会意字？

会意字由两个或多个独立的字组合起来，表示一个新的意义。例如"明"由"日"和"月"组成，太阳和月亮代表光明；又如"休"由人字旁和"木"组成，最初是表示人靠在树下休息。

什么叫形声字？

形声字结合了表意和表音的特点，由形旁和声旁组成。形旁表示字的意义范畴，声旁提供发音的参考。例如"枫"字，"木"表示与树木有关，"风"提供发音；又如"钟"字，金字旁（金）表示与金属有关，"中"提供发音。

两人站土上，坐车擦土忙，座位请加广，做事就用单人旁。

什么是歇后语？

歇后语是一种特殊的语言形式，通常由两部分组成，前一部分是比喻或描述，后一部分是对前一部分的解释或引申。例如：十五个吊桶打水——七上八下。

竹篮打水——一场空。

汉字的演变大致经历了几个阶段？

汉字的演变过程大致可以分为以下几个阶段：

`甲骨文`：最早的汉字形式，用于商朝的占卜。

`金文`：刻在青铜器上的文字，出现在商周。

`篆书`：大篆在西周晚期普遍采用，秦朝后期大篆被简化，出现小篆。

`隶书`：出现于秦代，是楷书的前身。

`楷书`：形成于魏晋时期，是现代汉字的基础。

`草书`：形成于汉代，在隶书基础上演变出来的。

`行书`：行书是在楷书的基础上发展起来的，是介于楷书、草书之间的一种字体。

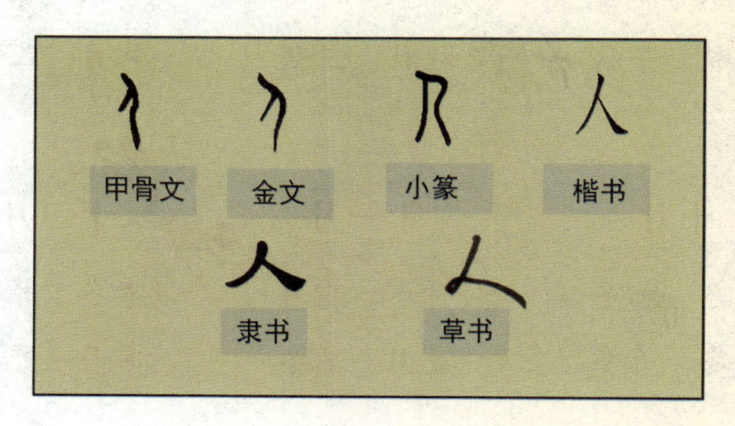

知识万花筒

古代对月份的各种雅称

一月
孟春　初春
新春　初阳

二月
仲春　花月
杏月　春中

三月
季春　暮春
晚春　余春

四月
孟夏　初夏
夏首　新夏

五月
仲夏　盛夏
夏半　芒种

六月
季夏　晚夏
焦月　暑月

七月
孟秋　瓜月
初秋　早秋

八月
仲秋　仲商
桂秋　正秋

九月
季秋　暮秋
朽月　三秋

十月
孟冬　初冬
早冬　开冬

十一月
仲冬　霜月
复月　暮冬

十二月
季冬　暮岁
冰月　严月

第四章
著名人物

谁是儒家学派的创始人？

孔子是儒家学派的创始人，提出了"仁爱"思想，还主张"己所不欲，勿施于人"，强调道德修养和礼仪的重要性。

谁是道家学派的创始人？

老子是道家学派的创始人，主张"无为而治"。他认为万物皆有道，顺应自然，无为而治，可以达到社会和谐。

谁提出了"性恶论"？

荀子是儒家学派的代表人物，他提出天道自然的思想，同时又提出"性恶论"。他认为人性本恶，需要通过教育和法律来约束和引导。

谁提出了"性善论"?

孟子是战国时期儒家思想代表人物之一,中国古代思想家、哲学家、政治家、教育家。他的主要思想是仁、义、善。在人性方面他主张"性善论",认为人性本善,通过教育和修养,人可以成为有道德的人。

我国古代哪位思想家主张"兼爱"和"非攻"?

墨子是墨家学派的创始人,主张"兼爱"和"非攻"等观点。他强调平等博爱,反对战争和暴力。他以兼爱为核心,以节用、尚贤为支点,创立了以几何学、物理学、光学为突出成就的一整套科学理论。

"战国七雄"是哪七雄?

"战国七雄"是战国时期国力最强盛的七个诸侯国,即秦国、齐国、楚国、赵国、魏国、韩国、燕国。他们倚仗国势,互相角逐,其中秦国的实力最强大,最终吞并了其余六国。

"三皇五帝"分别指的是谁?

"三皇五帝"是我国传说时代的远古帝王,历代对他们的说法并不统一,现在比较常见的说法是"三皇"为伏羲、神农、黄帝,"五帝"为少昊、颛顼、帝喾、尧、舜。

中国唯一的女皇帝是谁?

中国唯一的女皇帝是武则天。她是唐高宗李治的皇后,高宗死后,太子李显即位,武则天临朝称制。后来,武则天废掉李显,立李旦为皇帝,继续临朝称制,最终在天授元年废掉李旦,改国号为周,自己称帝。

哪位诗人被称为"诗仙"?

李白,字太白,号青莲居士,又号"谪仙人"。他是唐代著名的浪漫主义诗人,诗风豪放、想象丰富,被后人誉为"诗仙",与杜甫并称"李杜"。

哪位诗人被称为"诗圣"?

杜甫,字子美,自号少陵野老,被后人尊称为"诗圣"。杜甫擅长律诗,风格多样,语言精练,他的诗作深刻反映社会现实,被称为"诗史"。

中华文化1000问

哪位诗人被称为"诗佛"？

王维，字摩诘，号摩诘居士。苏轼评价他的诗为："味摩诘之诗，诗中有画；观摩诘之画，画中有诗。"其诗中常含禅意，且本人信仰佛教，诗风宁静致远，被尊称为"诗佛"。

哪位诗人被称为"诗魔"？

白居易字乐天，号香山居士，有"诗魔"和"诗王"之称。其诗歌通俗易懂，情感真挚，深受百姓喜爱。白居易还是新乐府运动的主要倡导者。

哪位诗人被称为"诗鬼"？

李贺，字长吉，因其诗作风格奇特，想象丰富，常借神话传说来托古喻今，被后人誉为"诗鬼"。李贺二十多岁就去世了，却有很多千古名句流传至今。

哪位诗人被称为"诗神"？

苏轼，字子瞻，号东坡居士，北宋著名的文学家、书法家、画家。他的诗作风格豪放洒脱，气势磅礴，意境深远。他被誉为"诗神"，是北宋文学的代表人物之一，对宋代文学的发展产生了深远影响。

哪位诗人被称为"诗狂"？

贺知章是唐代诗人、书法家。他旷达不羁，有"清谈风流"之誉。他与李白、张旭等人皆有往来，其诗多记游宴乐事。因他的诗风旷达，不拘小节，故有"诗狂"之称。

哪位诗人被称为"诗豪"？

刘禹锡是唐朝著名文学家、哲学家。他的诗作风格豪放洒脱，意境深远，具有强烈的个性色彩和独特的艺术魅力，他被誉为"诗豪"，代表作《陋室铭》《乌衣巷》等。

哪位诗人被称为"诗杰"?

王勃是唐朝著名的文学家之一,被称为"诗杰",又与杨炯、卢照邻、骆宾王并称为"初唐四杰"。他才华横溢,在诗歌创作方面更是出色。虽然他年纪轻轻就离开了人世,但他的诗歌作品却流传了下来,成为中国古代诗歌的瑰宝。

哪位诗人被称为"诗囚"?

孟郊一生充满了苦难和挑战,其诗作多反映现实社会和个人遭遇,风格独特,语言凝练,他有"诗囚"之称。其作品有《游子吟》等,皆脍炙人口,流传千古。

史称"三班"的人是谁?

历史上被称为"三班"的人是班彪、班固和班昭。班彪是东汉时期著名史学家、文学家,代表作有《史记后传》《北征赋》等。班固是东汉时期史学家、辞赋家,代表作有《汉书》《两都赋》等。班昭是东汉时期中国第一位修撰正史的女史学家,续写了其兄班固的《汉书》。

史称"三曹"的人是谁?

史称"三曹"的人是曹操、曹丕和曹植。曹操是东汉末年政治家、文学家,代表作有《观沧海》《短歌行》《蒿里行》《龟虽寿》等。曹丕是东汉末年到魏晋时期的政治家、文学家,后成为曹魏的开国皇帝,代表作有《燕歌行》《杂诗》等。曹植是东汉末年到魏晋时期的文学家,代表作有《白马篇》《七哀诗》《赠白马王彪》《七步诗》等。

史称"苏门四学士"的人是谁?

历史上被称为"苏门四学士"的人是黄庭坚、秦观、晁补之、张耒。黄庭坚是宋代著名的书法家、文学家,代表作有《山谷词》等。秦观是北宋著名婉约派词人,代表作有《鹊桥仙·纤云弄巧》。晁补之的诗词以清新自然见长,代表作有《晁氏琴趣外篇》。张耒的诗平易舒坦、词风格婉约,代表作《劳歌》等。

史称"中兴四大家"的人是谁?

历史上被称为"中兴四大家"的人是陆游、杨万里、范成大和尤袤。

陆游是南宋著名文学家、史学家、爱国诗人。他的诗作充满爱国热情,情感深沉真挚,代表作有《游山西村》《示儿》等。

杨万里的诗作多描写自然景色和人民生活,代表作有《小池》《晓出净慈寺送林子方》等。

范成大的作品有深厚的人文关怀,代表作有《四时田园杂兴》《喜晴》等。

尤袤的诗词风格清新自然,多反映人生哲理,但作品传世较少。

史称"竹林七贤"的人是谁?

"竹林七贤"是指三国魏正始年间的七位名士:嵇康、阮籍、山涛、向秀、刘伶、王戎及阮咸。

知识加油站

这七人因常在竹林中饮酒、放歌、谈玄、论道、抚琴,故世人合称其为"竹林七贤"。

史称"唐宋八大家"的分别是谁?

韩愈,字退之,唐代文学家、哲学家,古文运动的倡导者。代表作有《师说》《马说》等。

柳宗元,字子厚,唐代文学家,与韩愈并称"韩柳",也是古文运动的推动者。代表作有《捕蛇者说》《永州八记》等。

欧阳修,字永叔,号醉翁、六一居士,北宋文学家、政治家,是北宋诗文革新运动的领袖,代表作有《醉翁亭记》《秋声赋》等。

苏洵,字明允,号老泉,北宋文学家,与其子苏轼、苏辙合称"三苏"。代表作有《六国论》等。

苏轼,字子瞻,号东坡居士,北宋著名的文学家、书法家、画家。他的作品文采斐然,题材广泛,代表作有《赤壁赋》《水调歌头·明月几时有》等。

苏辙,字子由,号东轩长老,也是北宋著名文学家,与苏轼同登进士,著有《栾城集》等。

王安石,字介甫,号半山,北宋政治家、文学家,也是著名的改革家。代表作有《泊船瓜洲》《登飞来峰》等。

曾巩,字子固,世称"南丰先生",北宋文学家,是诗文革新运动的积极参与者。代表作有《墨池记》等。

"初唐四杰"是谁?

初唐时期的四位文学家王勃、杨炯、卢照邻、骆宾王被称为"初唐四杰",他们以诗文并称,是初唐时期文风由绮丽向工整转变的关键人物。他们所作的骈文在初唐骈文中成就最高。

"三瘦词人"指的是谁?

"三瘦词人"指的是宋代女词人李清照,她写下了三句流传千古的动人词句,句中都有一个"瘦"字:"莫道不销魂,帘卷西风,人比黄花瘦。""知否?知否?应是绿肥红瘦。""新来瘦,非干病酒,不是悲秋。"

"吴中四才子"是谁?

明代的唐寅、祝允明、徐祯卿、文徵明并称为"吴中四才子"。其中唐寅就是人们所熟知的唐伯虎,他书画俱佳,但仕途并不顺畅,在民间留下了许多脍炙人口的小故事。

周敦颐最爱的花是什么？

北宋思想家周敦颐最爱的是莲花，他曾写下《爱莲说》，表达自己对莲花的喜爱。文中说："予独爱莲之出淤泥而不染，濯清涟而不妖，中通外直，不蔓不枝，香远益清，亭亭净植，可远观而不可亵玩焉。"

"群山万壑赴荆门，生长明妃尚有村"中的明妃指的是谁？

这句诗中的"明妃"指的是王昭君。王昭君原名王嫱，汉元帝时以"良家子"的身份入宫。北方匈奴首领呼韩邪单于主动对汉称臣，请求和亲，王昭君主动请命，前往匈奴和亲。

知识加油站

> 晋朝时，为了避讳晋太祖司马昭的名字，昭君被改称为明君，史称"明妃"。

成语"沉鱼落雁""闭月羞花"分别指的是谁？

"沉鱼"指的是西施，传说她在溪边浣纱时，鱼儿看到她都忘记游泳，沉入了水底；"落雁"指王昭君，传说她出塞时弹奏琵琶，大雁听到忘记了飞翔，落了下来；"闭月"指貂蝉，传说她拜月时，月亮自觉不如貂蝉美，躲到了云彩后面；"羞花"指杨贵妃，她的美貌使花朵都羞涩地低下了头。

西施　　王昭君 　　貂蝉 　　杨贵妃

在西汉远嫁匈奴和亲的是谁？

在西汉远嫁匈奴和亲的是王昭君。王昭君为了国家的利益，远嫁匈奴，成为和平使者，在维护边境和平方面做出了重要贡献。她以自己的智慧和勇气赢得了匈奴人民的尊重和爱戴。她的故事被后人广泛传颂。

"卧薪尝胆"的主人公是谁？

"卧薪尝胆"的主人公是越王勾践。春秋时期，吴王夫差击败越国，并将越王勾践押回吴国做奴隶，勾践忍辱负重，三年后才得以回到越国。回国后，勾践为了不让自己忘记过去的耻辱，晚上睡觉只铺柴草，还在屋内悬挂苦胆，时不时尝尝苦胆的苦味。最终，勾践找到时机，灭掉了吴国。

"指鹿为马"的主人公是谁？

"指鹿为马"的主人公是赵高。秦二世时，赵高把持国政，他故意在秦二世面前牵来一只鹿，并说那是一匹马，凡是不附和他的大臣都被他捏造罪名加以迫害。后来赵高逼令秦二世自杀，自己企图篡位自立，但大臣都不听从，赵高只好立二世的侄子子婴为秦王，子婴很快用计杀了赵高。

"胡服骑射"的主人公是谁？

"胡服骑射"的主人公是赵武灵王。战国时期，赵武灵王为了加强赵国的军事实力，下令推行胡服骑射，模仿北方游牧民族的战术、装备、服饰，组建骑兵部队，最终使赵国成为当时的军事强国。

"扬州八怪"指的是谁？

"扬州八怪"通常指的是金农、郑燮、黄慎、李鱓、李方膺、汪士慎、罗聘和高翔。

知识加油站

他们是清代中期扬州地区的一批风格相似的书画家，也有人主张不称"扬州八怪"而称扬州画派，将当时那一批画家囊括进来。

八大山人指的是谁？

八大山人指的是朱耷，他是明宗室后裔，明朝灭亡后削发为僧，后又成为道士，行为狂放，性格倔强，留下的书画中常可见其国破家亡的悲愤之情。朱耷一生中有雪个、个山等号，后来号八大山人，以前的字号都不再用。

"二程"指的是谁？

"二程"指的是北宋思想家程颢和程颐兄弟，他们建立了以"理"为本、天人一理的理学思想体系，是理学的奠基人，他们的伦理思想被南宋朱熹继承和发挥，成为后期中国古代社会的正统伦理思想。

被尊称为"药王"的是谁？

孙思邈被尊称为"药王"。他是唐代医学家，自幼多病，因此立志学医，青年时期开始在乡里行医。他倡导以"大医精诚"的医德对待病患，无论贫富老幼、怨亲善友都要一视同仁，这一原则被历代医家推崇。

知识加油站

孙思邈还博取众经，结合自己的临床经验编著成《备急千金要方》和《千金翼方》，"千金"意为"人命至重，有贵千金"。

苏轼和黄庭坚之间的友谊被称为什么？

苏轼和黄庭坚之间的友谊被称为"忘年交"，是古代历史上一段关于友谊的佳话。尽管两人在年龄和地位上相距甚远，但苏轼不在意，并给予黄庭坚许多指导和帮助。在苏轼的影响下，黄庭坚在书法和诗歌上取得了卓越的成就。

"管鲍之交"这个典故是怎么来的?

管仲和鲍叔牙都是春秋时齐国人,两人少年时就是好朋友。鲍叔牙很赏识管仲的才学,也很了解他的所作所为。这段友谊故事被称为"管鲍之交"。"管鲍之交"用来称友情深厚、彼此信任的朋友。

中国历史上第一个称皇帝的君主是谁?

秦始皇是中国历史上第一个称皇帝的君主。他统一六国,开创了中央集权的制度,奠定了中国封建社会的基础。他还修建万里长城,统一货币和度量衡,并推行"书同文、车同轨"。但他也是一位有争议的皇帝。

哪位皇帝在位时使汉朝达到鼎盛?

汉武帝是汉朝的著名皇帝。他在位时推行中央集权,征伐四方,开疆拓土,尊崇儒术,推行币制改革,打通西域通道,使汉朝达到鼎盛时期。

唐太宗是一位怎样的皇帝？

唐太宗是唐朝的杰出皇帝。他在位期间，听取群臣意见，虚心纳谏，任用贤臣，精简政府机构，改革三省六部，开创了贞观之治，使唐朝进入繁荣昌盛的时期。

"人生自古谁无死，留取丹心照汗青"是哪位民族英雄写的？

文天祥是南宋末年政治家、文学家，民族英雄。他坚守抗元立场，宁死不屈。战败被俘后，他写下了《过零丁洋》，其中那句"人生自古谁无死，留取丹心照汗青"，气势磅礴，情调高亢，激励了后世众多为理想而奋斗的仁人志士。

乾隆皇帝在位期间做了哪些事推动清朝的发展？

清高宗弘历年号"乾隆"，寓意"天道昌隆"。他进一步完成多民族国家的统一，促进社会经济文化进一步发展。他重视社会的稳定，关心百姓，多次普免天下钱粮、八省漕粮，减轻了农民的负担，也使得清朝国库日渐充实。其执政中期，清朝达到了康乾盛世以来的最高峰。

谁被称为"书圣"？

王羲之是东晋时期的书法家，被誉为"书圣"。王羲之自幼酷爱书法，七岁开始学习书法，先后跟随卫夫人、李斯、曹喜等名家学习书法，逐渐形成了自己独特的风格。他的书法兼善隶、草、楷、行各体，精研体势，广采众长，自成一家。

"画坛泰斗"是谁？

现代著名画家张大千以山水画著称，被誉为"画坛泰斗"。他的作品气势磅礴，意境深远，花鸟画则色彩鲜艳，构图巧妙。

知识加油站

张大千是20世纪中国最具传奇色彩的国画大师之一，有"东方之笔"之称。

《蛙声十里出山泉》是哪位大师的作品？

《蛙声十里出山泉》是现代著名画家齐白石在1951年为老舍画的水墨画，是齐白石的代表作之一。齐白石擅长画虾、蟹等，他的画作以简练的笔触、生动的形象，展现了自然界的生命力。

知识万花筒

常见的人际关系称谓

常见的人际关系称谓

- 同僚 —— 指在同一个部门或机构工作的同事。

- 同乡 —— 指来自同一个地区或乡村的人，尤指在外地遇到的来自同一地方的人。

- 同窗 —— 指在同一所学校或书院学习的同学。

- 同门 —— 指同一个老师的学生。

- 同宗 —— 指同姓或同一家族的人。

- 同侪 —— 同年龄或社会地位相近的人。

第五章
艺术音乐

中国古典十大名曲是什么？

中国古典十大名曲是《高山流水》《广陵散》《平沙落雁》《梅花三弄》《十面埋伏》《春江花月夜》《渔樵问答》《胡笳十八拍》《汉宫秋月》和《阳春白雪》。

唱念做打分别指什么？

唱念做打是戏曲表演的四种艺术手段。唱指唱功；念指念白；做指做功，也就是形体动作表演；打指武打。戏曲演员从小就要训练这四种基本功，才能在舞台上呈现出精妙绝伦的表演。

中国四大名绣是什么？

中国四大名绣是湘绣、粤绣、苏绣和蜀绣。其中，湘绣是以湖南长沙为生产中心的刺绣工艺品；粤绣是以广东为生产中心的刺绣品种，也称为广绣；苏绣以江苏苏州为生产中心；蜀绣以四川成都为生产中心。

古代音律中的五音是指什么？

中国古代音律中的五音指的是宫、商、角、徵、羽五种音阶，在声韵学中它们分别与喉、齿、牙、舌、唇的不同发音部位相配，分别相当于现在唱名中的do、re、mi、sol、la。

下里巴人指的是人吗？

下里巴人指的不是人，而是通俗文学艺术的泛称。下里巴人原本是春秋时代楚国的民间歌曲，"下里"就是乡里的意思，"巴人"指巴蜀的人民，它们代表了创作歌曲的人和地方。

知识加油站

现在人们通常用"下里巴人"指代通俗文化，与"阳春白雪"代表的高雅文化相对。

梨园弟子指的是从事哪个行业的人？

梨园弟子是戏剧演员的代称。这个称呼源于唐代，唐玄宗精通音律，曾在长安的禁苑中一处叫梨园的地方设置了专门教习演奏人员的机构，并且亲自矫正乐工的发音，后来梨园演变成教习音乐、歌舞、戏曲的地方，这里的演习人员就被称为梨园弟子或梨园子弟，后来，梨园弟子演变成戏剧演员的代称。

琴棋书画分别指的是什么?

　　琴棋书画是我国古代四大雅趣,也被称为四艺。通常来说,琴指的是古琴,棋指的是围棋,书是书法,画是绘画。琴棋书画现在用来泛指各种文艺风雅的事。

中国古代四大名琴是什么?

　　中国古代四大名琴是号钟、绕梁、绿绮和焦尾。号钟相传是伯牙弹奏时所用的琴,绕梁传说是楚庄王得到的礼物,绿绮是汉代文学家司马相如所使用的古琴,焦尾相传是由东汉文学家、音乐家蔡邕亲手所作。

京剧是怎么出现的?

　　京剧是我国国粹,它形成于清代。清代乾隆至道光年间,安徽的徽剧和湖北的北调戏班进京演出,众多戏班聚集在京城中,京剧就在这两种地方戏的基础上吸收了昆曲和北方梆子戏的曲调,再结合北京的语言特点逐渐形成了。

中国影响最大的戏曲剧种是什么?

京剧是中国影响最大的戏曲剧种之一,也是中国国粹。它形成于清代乾隆至道光年间,融合了唱、念、做、打等多种表演艺术形式,以丰富的脸谱、华丽的服饰和独特的唱腔著称。京剧的角色分为生、旦、净、末、丑等行当,每个行当都有其特定的表演技巧和风格。

知识加油站

戏曲脸谱能够强化剧中人物的性格特征,使观众能够很容易地识别出来。脸谱的颜色通常有红、黑、白、黄、蓝、绿、紫、粉等色,一般来说,红色代表忠勇正义,黑色代表刚直果敢,白色代表奸诈多谋,黄色代表勇猛、残暴,蓝色代表坚毅、勇敢,绿色代表暴躁、倔强,紫色代表淳朴憨直,粉色代表年迈体衰。

越剧有什么特点?

越剧起源于浙江嵊州,是中国第二大戏曲剧种。越剧以抒情、优美、流畅的特点著称,通过细腻的表演和真挚的情感,展现人物的内心世界和情感变化。其曲调优美动听,表演真切动人,唯美典雅,极具江南特色。

哪一种戏剧原名蹦蹦戏？

评剧原名蹦蹦戏或落子戏，是一种流传于中国北方的戏曲剧种。评剧以唱功见长，吐字清楚，唱词浅显易懂，演唱明白如诉，表演生活气息浓厚，有亲切的民间味道。

豫剧有什么特点？

豫剧，又名河南梆子，是中国第一大地方剧种，也是中国五大戏曲剧种之一。豫剧唱腔铿锵大气、抑扬有度、行腔酣畅，吐字清晰、韵味醇美，生动活泼，有血有肉，善于表达人物内心情感，深受广大观众的喜爱。

书法需要什么工具？

中国书法是中国特有的一种文字美的艺术表现形式，它将文字书写提升到艺术层面。书法通常以毛笔、宣纸和墨为工具，分为楷书、行书、草书、隶书、篆书等多种书体，每种书体都有其独特的风格和韵味。

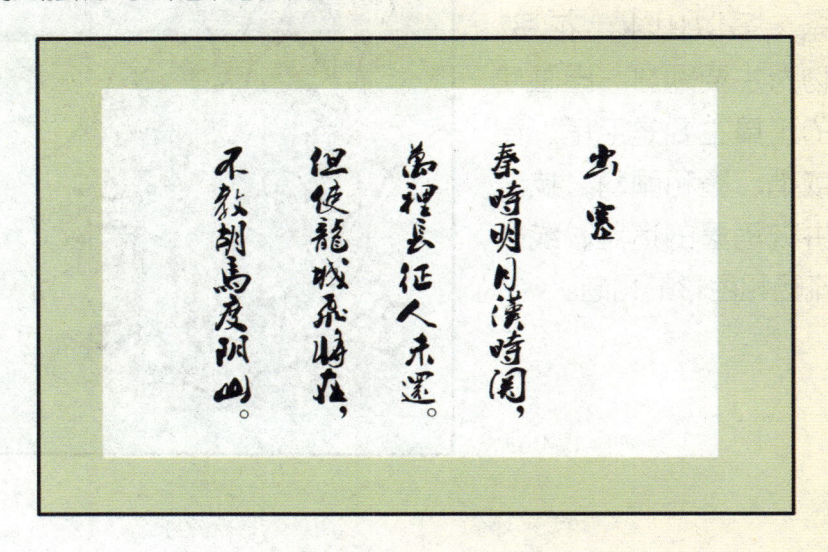

《兰亭集序》是谁的作品？

《兰亭集序》是"书圣"王羲之在浙江绍兴兰渚山下以文会友时写出的"天下第一行书"。全文28行、324字，通篇遒媚飘逸，字字精妙，点画犹如舞蹈，有如神人相助而成，被历代书界奉为极品。作品中的"之"字，每个都不相同。

中国十大传世名画是哪些作品？

中国十大传世名画为《洛神赋图》《清明上河图》《步辇图》《唐宫仕女图》《五牛图》《韩熙载夜宴图》《千里江山图》《富春山居图》《汉宫春晓图》《百骏图》。

国画有什么特点？

国画是中国传统绘画形式，历史悠久。国画强调意境和内涵，追求形神兼备，多以山水、花鸟、人物为主要题材。国画使用的工具主要是毛笔、宣纸或绢、墨和颜料，技法上讲究笔墨的运用、线条的流畅和色彩的和谐。

第五章 艺术音乐

《千里江山图》是由谁创作的？

《千里江山图》由北宋画家王希孟所作。王希孟擅长画青绿山水，是宋徽宗时的画院学生，宋徽宗欣赏他的才华，亲自传授给他绘画方面的经验和技法。《千里江山图》是王希孟在十八岁时用半年时间完成的，画卷中的石青、石绿鲜亮夺目，画面气势磅礴，是中国传统山水画中少见的巨制。《千里江山图》完成后一两年，王希孟就去世了。

技击指的是哪项中国传统体育项目？

中国武术古代称拳勇、技击，是中国传统体育项目之一，有丰富的实战技巧和深厚的文化内涵。武术包括拳术、器械、对练和集体表演等多种形式，强调内外兼修，旨在强身健体、修身养性。

中国拳法包括哪些种类？

拳法是中国武术的一部分，源远流长。拳法种类繁多，常见的拳法有太极拳、少林拳、八卦拳、咏春拳等，各具特色。中国拳法强调内外兼修，注重身、心、意的协调统一，是中国传统文化的瑰宝。

为什么将《义勇军进行曲》定为国歌？

1949年10月1日，在开国大典上，《义勇军进行曲》第一次作为代国歌在天安门广场响起。这首歌由田汉作词、聂耳作曲，旋律雄壮激昂，歌词振奋人心，表达了中国人民勇敢无畏、热爱祖国的情感。

起来！不愿做奴隶的人们！

哪种民族乐器有二十一根弦？

古筝，又称汉筝、秦筝，是中国传统弹拨弦鸣乐器。古筝通常由二十一根弦组成，通过左手按弦，右手拨弦，来演奏出丰富的音乐旋律。古筝音色优美动听，演奏技巧丰富，具有相当强的表现力。

哪种民族乐器是弹拨乐器首座？

琵琶作为一种拨弦类弦鸣乐器，已有两千多年的历史。琵琶的音色明亮、激昂，富有表现力，既能够表现细腻委婉的曲调，也能够演绎气势磅礴的音乐。

在唐朝由西域胡人传至中原的是哪种民族乐器？

二胡在唐朝由西域胡人传至中原，至今已有一千多年的历史。二胡由两根弦组成，通过弓擦弦来发声，演奏时需要左右手配合，技巧性很强。二胡音色柔和，表现力丰富，擅长表现深沉、悠远的情感。

第五章 艺术音乐

"士无故不撤琴瑟"说的是哪种乐器？

这句话说的是古琴。古琴是中国最古老的弹拨乐器之一，有三千年以上的历史。古琴音色深沉、醇厚，余音悠远，能够表现出丰富的情感变化。

知识加油站

古琴在古代是文人雅士修身养性的必备之物，有"士无故不撤琴瑟"之说。

中国古代著名大型打击乐器是什么？

编钟是中国古代大型打击乐器，发端于周朝，在春秋战国及秦汉时期极为兴盛。编钟是将众多大小各异的扁圆钟依音调高低顺序排列，悬挂于巨大钟架之上。演奏时，用丁字形木槌和长形棒分别敲击铜钟，可发出各不相同的悦耳乐音。

汉族乐器中最有特色的吹奏乐器是什么？

汉族乐器中最具代表性、最有民族特色的吹奏乐器是笛子，它也是中国的传统乐器之一，音色清亮悠扬，具有浓郁的民族特色。笛子通常由竹子制成，有多个孔位，通过吹气和控制不同孔位的开合来发出不同音高的声音。

中国剪纸有什么特点？

中国剪纸起源于民间，有着悠久的历史、简洁的线条、生动的形象、吉祥的寓意。剪纸是中国传统民间艺术的重要组成部分，体现了民间智慧和审美情趣。

川剧变脸起源于哪个省？

川剧变脸起源于四川地区，有着悠久的传统。表演者能在瞬间变换多张面具，技艺精湛，神秘莫测。川剧变脸是四川地区戏曲艺术的代表，体现了中国戏曲艺术的独特魅力。

第六章
科技地理

五行指的是哪五种元素？

五行学说是我国古代关于世界构成及其性质的学说。五行代表物质变化的五种基本形态，分别是水、火、木、金、土。五行相生相克，木生火、火生土、土生金、金生水、水生木，木克土、土克水、水克火、火克金、金克木。

五谷指的是哪五种作物？

五谷是古代所指的五种谷物，主要说法有两种：一种是指稻、黍、稷、麦、菽，另一种指麻、黍、稷、麦、菽。它们都是农耕时代重要的粮食作物，其中稻为水稻，黍为黍米，稷为粟，麦为小麦，菽是大豆。

六畜指的是哪六种动物?

六畜指的是牛、马、羊、猪、鸡、狗,后来人们用"六畜"指代家畜。除了"六畜",还有"五畜"的说法,指除了马之外的五种牲畜,它们是古代祭祀时的牺牲。

"一寸光阴一寸金"中的"寸"是什么意思?

"一寸光阴一寸金"中的"寸"是古代计时器日晷的测量单位。日晷通常由铜制的晷针和石制的晷面构成,晷面上刻有十二个大格,太阳光照射日晷时,晷针的影子投向晷面,随着太阳的移动,影子也慢慢移动。一寸光阴就是晷面上晷针的影子移动一寸距离耗费的时间。

第六章 科技地理

狼毫笔的原料是什么？

狼毫笔是用黄鼬尾部针毛制成的毛笔，黄鼬就是俗称的黄鼠狼。狼毫笔是中国传统书写、绘画工具，笔力坚挺，宜书宜画。好的狼毫笔笔尖表面呈现嫩黄色或黄色略带红色，每根毛都挺实直立，其中以东北产的黄狼尾制笔品质最佳。

景泰蓝起源于什么时候？

景泰蓝是北京特色传统手工艺品之一，起源于宋朝，盛行于明朝景泰年间，因为初创时大多用宝石蓝、孔雀蓝色釉作为底衬色，因此被称为景泰蓝。

知识加油站

景泰蓝又称为陶胎掐丝珐琅，它的特点是在金属胎上嵌丝后再施加珐琅釉，纹样繁复，色彩典雅，备受皇室的喜爱。

青花瓷是哪个时期成功烧制出的？

唐代陶工在白瓷的基础上发展出了白釉蓝彩的装饰技法，成功烧制出青花瓷。但直到宋代，青花瓷的作品依然很少，到元代中后期，青花瓷迅速发展，成为中国的瓷器代表之一。

"四不像"指的是哪种动物？

"四不像"指的是麋鹿，这个外号源自麋鹿的头像马、角像鹿、尾像驴、蹄像牛。麋鹿曾经在我国的大地上繁荣生存，在《诗经》中，就有"彼何人斯？居河之麋"的记载。

知识加油站

在神话传说中，"四不像"还曾经作为姜子牙的坐骑，在武王伐纣的过程中立下大功。

阳关大道最初指的是通往哪里的道路？

阳关大道最初指的是经过阳关通往西域的道路。阳关是丝绸之路南路的必经关隘，因为坐落在玉门关之南而取名阳关，它和玉门关都是当时中原与西域交通的门户。现在人们常用阳关大道形容交通便利的道路和光明的道路，也比喻好的办法和出路。

知识加油站

居庸关有"天下第一雄关"之称，它与紫荆关、倒马关、固关并称明朝京西四大雄关。居庸关位于现在的北京昌平区，居庸有"徙居庸徒"的意思。在居庸关上，悬挂着"天下第一雄关"的牌匾。

长城有多长？

长城是中国古代规模最宏大的防御工程，它的修建始于春秋时期，一直到明代末期，长城始终在被修缮和增筑。明代长城的规模最大，东起鸭绿江，西达嘉峪关，全长约7350千米，现在保存下来的大多是明长城。

古代地理中的阴阳是怎么划分的？

在古代地理中，山南水北谓之阳，山北水南谓之阴。比如：阳关就是因为位于玉门关之南，才被称为阳关。

农历中的朔望分别是哪一天？

农历中的朔日指的是每月初一，望日则是十五、十六、十七这三天中的一天。朔望的说法来自月相的变化，新月为朔，满月为望，人们把包含朔时刻的那一天定为朔日，包含望时刻的那一天称为望日。

现存最早的雕版印刷品是什么？

现存最早的雕版印刷品是西安唐墓出土的印刷品《陀罗尼经》。中国古代四大发明之一的印刷术指的就是雕版印刷术，这种工艺通过将文字、图像反向雕刻在木板上，再在印版上刷墨、铺纸、施压，使印版上的图文转印于纸张。

京杭大运河最早是何时开凿的？

京杭大运河最早开凿于春秋时期，吴王夫差开挖的邗沟是大运河的第一段。在隋朝和元朝，京杭大运河经历过大规模的扩展，人们将天然河道加以疏浚修凿，连接在一起，使大运河全长达到1747千米，成为我国南北经济和文化交流的要道。

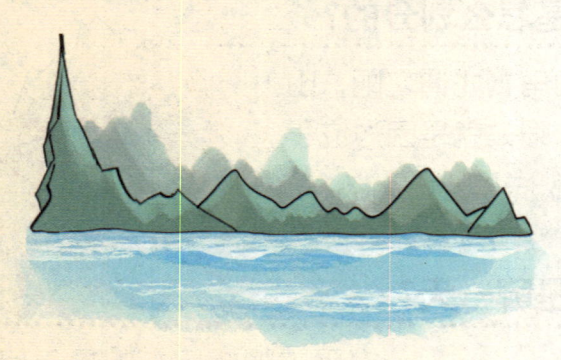

京杭大运河一共分为几段？

京杭大运河一共分为7段，北起北京，南至杭州，北京市区到京郊通州段称通惠河，通州到天津段称北运河，天津到山东临清段称南运河，临清到台儿庄段称鲁运河，台儿庄到淮安段称中运河，淮安到扬州段称里运河，镇江到杭州段称江南运河。

第六章 科技地理

我国的国土面积有多大？

我国位于亚洲东部，太平洋西岸，北起漠河附近的黑龙江心，南到南沙群岛的曾母暗沙，西起帕米尔高原，东至黑龙江、乌苏里江汇合处。我国陆地总面积约960万平方千米，水域总面积约470万平方千米。我国国土面积世界排名第三。

我来自北京。

我国一共有多少个省？

我国共有23个省，分别是：河北、山西、辽宁、吉林、黑龙江、江苏、浙江、安徽、福建、江西、山东、河南、湖北、湖南、广东、海南、四川、贵州、云南、陕西、甘肃、青海、台湾。此外，我国还有5个自治区、4个直辖市和2个特别行政区，共计34个省级行政区。5个自治区分别是：内蒙古自治区、广西壮族自治区、西藏自治区、宁夏回族自治区、新疆维吾尔自治区；4个直辖市分别是：北京、上海、天津、重庆；2个特别行政区分别是：香港特别行政区和澳门特别行政区。

我国疆域的四至点分别是哪里？

我国疆域中，最北端位于漠河市北端的黑龙江主航道中心线上，最南端位于南沙群岛的曾母暗沙附近，最东端位于黑龙江与乌苏里江主航道中心线的交汇处，最西端位于新疆维吾尔自治区的帕米尔高原。这些四至点分别代表了我国疆域的最北、最南、最东和最西的地理位置，具有重要的地理意义。

世界上规模最大的木结构建筑群是什么？

世界上规模最大的木结构建筑群是故宫。故宫始建于1421年，是明清两个朝代的皇宫，被称为紫禁城。1925年建故宫博物院后，这里才被称作故宫。故宫的城墙有10米高，南北长961米，东西宽753米，城墙外还有52米宽的护城河。

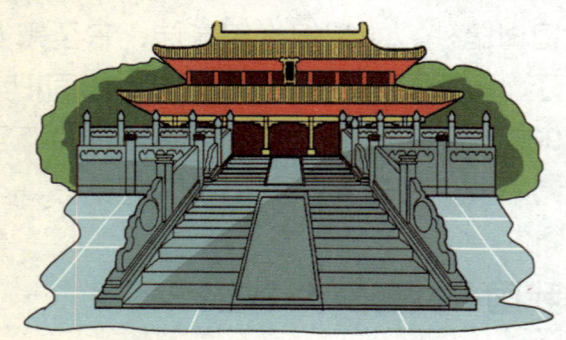

苏州古典园林有什么特点？

苏州古典园林出现于春秋，发展于晋唐，繁荣于两宋，全盛于明清。苏州古典园林是中国园林艺术的杰出代表，以其精巧的布局、和谐的自然美和深厚的文化底蕴著称。园林中巧妙运用假山、流水、亭台楼阁等元素，创造出一步一景、移步换景的美妙体验。

福建土楼有什么特点？

福建土楼是中国福建省独特的传统民居建筑，这些土楼多为圆形或方形，由夯土墙和木结构组成，具有良好的防御功能。土楼内部通常设有多个家庭的居住空间，中心为公共区域。福建土楼以其历史悠久、多姿多彩、规模宏大、结构精巧、功能齐全、内涵丰富著称于世。

第六章 科技地理

二十四节气是怎么来的？

节气最早起源于夏朝，古人通过长期观察太阳周年运动，总结出一年中时令、气候、物候等方面的变化规律。这些规律不仅指导着古人的农业生产，还演变成了岁时节令文化。节气产生的原因是地球的公转运动。地球绕太阳公转产生了四季的变化，一年有十二个月，每隔十五天一个节气，因此一年共有二十四个节气。

春季有哪些节气呢？

春季是一年中气温逐渐回暖、万物复苏的季节。春季包括立春、雨水、惊蛰、春分、清明和谷雨六个节气。立春标志春季的开始，万物复苏。雨水意味着降雨开始增多，空气湿度逐渐增大。惊蛰春雷始鸣，惊醒了越冬的蛰虫，春天的气息愈发浓厚。春分时昼夜平分，春季已过一半。清明时天气清澈明朗，适合扫墓和踏青。谷雨降雨滋润谷物生长，对农作物的生长至关重要。

夏季有哪些节气呢？

　　夏季节气包括立夏、小满、芒种、夏至、小暑和大暑。立夏是夏季的开始，万物生长旺盛。小满时麦类等作物籽粒开始饱满，但尚未成熟。芒种适合种植有芒的谷类作物。夏至时太阳直射北回归线，北半球白昼时间最长。小暑时天气变炎热，但还未到最热的时候。大暑是一年中最热的时期，需注意防暑降温。

秋季有哪些节气呢？

　　秋季节气包括立秋、处暑、白露、秋分、寒露和霜降。立秋是秋季的开始，天气逐渐转凉。处暑表示炎热即将过去。白露时天气转凉，夜晚地面上的水汽凝结成露珠。秋分时昼夜平分，秋季已过一半。寒露天气昼暖夜凉，少雨干燥。霜降开始气温骤降，昼夜温差大。

冬季有哪些节气呢？

冬季节气包括立冬、小雪、大雪、冬至、小寒和大寒。立冬是冬季的开始，万物准备休养。小雪时天气越来越冷，降水量渐增。大雪时气温显著下降，有些地方可能降雪。冬至时太阳直射南回归线，北半球白昼最短。小寒时更加寒冷，但还未到最冷的时候。大寒之后是一年中最冷的时期，需注意保暖防寒。

"皇家园林博物馆"是哪座园林？

颐和园是清朝时期的皇家园林，坐落在北京西北，前身为清漪园，全园占地超过3平方千米。它是以昆明湖、万寿山为主体，模仿江南园林的设计手法而建成的一座大型山水园林，被誉为"皇家园林博物馆"。

哪个湖位于"人间天堂"？

西湖位于有"人间天堂"之称的杭州，以其秀丽的湖光山色和深厚的文化底蕴闻名于世。西湖不仅是自然美景的代表，更是中国文化和历史的珍贵遗产。

"湖光秋月两相和，潭面无风镜未磨"写的是哪个湖？

"湖光秋月两相和，潭面无风镜未磨"是刘禹锡的《望洞庭》中的诗句，描写的是洞庭湖的美丽景色。洞庭湖之名，始于春秋战国时期，因湖中洞庭山（即君山）而得名。

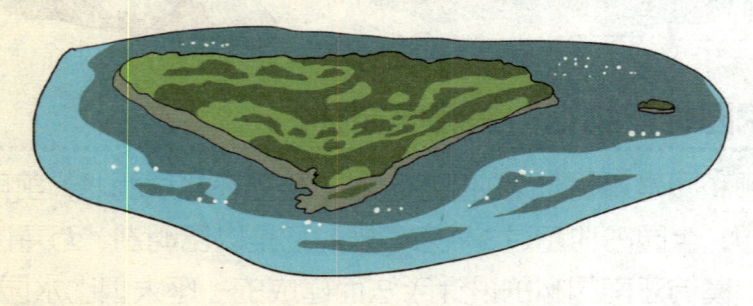

中国南海陆地面积最大的群岛是什么？

西沙群岛是中国南海陆地面积最大的群岛。它位于海南岛东南约330千米，有宣德、永乐两岛群，主要岛屿有永兴岛、赵述岛、珊瑚岛等，其中永兴岛的面积最大，有1.85平方千米。

黄果树瀑布出名始自哪位名人？

黄果树瀑布，古称白水河瀑布，位于中国贵州省安顺市。黄果树瀑布高度为77.8米，宽度为101米，以其水势浩大著称，是世界著名的大瀑布之一。黄果树瀑布出名始于明代旅行家徐霞客，因历代名人在此游历，成为知名景点。

"五岳"是指哪五座山？

"五岳"是指东岳泰山、西岳华山、南岳衡山、北岳恒山、中岳嵩山。泰山是五岳之首，自古为百姓崇拜、帝王告祭之神山。华山以险峻著称，有"奇险天下第一山"的美誉。衡山因形如衡器而得名。恒山以幽静著称，自然风光独特，富含矿产资源。嵩山绵延百里，是中华文明重要发源地之一。

蔡伦改进了什么重要的技术？

公元105年左右，蔡伦改进了造纸术，所造出的纸被称为"蔡侯纸"。蔡伦的造纸工艺，使得纸张的生产更为便捷、经济，极大地促进了书籍的复制和知识的传播，对世界文化发展产生了深远影响。

活字印刷术是谁发明的？

北宋时期，毕昇发明了活字印刷术。活字印刷术的出现，使得书籍的复制更加快速和灵活，极大地降低了书籍的生产成本，促进了文化和科学的广泛传播。

火药最初是用于军事吗？

唐朝末年，出现了火药。火药最初被用于医疗和宗教仪式，后来被用于军事。火药的发明改变了战争的形式，对军事战术和武器的发展产生了重大影响，同时也促进了矿业和建筑业的发展。

司南是什么？

战国时期已有指南针的原型，被称为司南。指南针被用于航海和地理探索，它的发明极大地提高了航海的准确性和安全性，促进了海上贸易和地理大发现时代的到来。

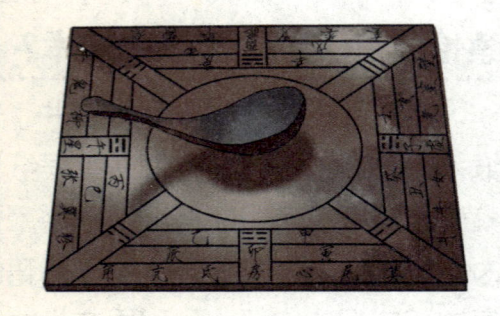

瓷器业在历史上哪个朝代发展最繁荣？

宋代是传统制瓷工艺发展史上一个非常繁荣的时期。宋朝瓷器以其古朴深沉、素雅简洁，同时千姿百态、各竞风流的气象闻名世界，对世界陶瓷艺术的发展产生了深远的影响。

中国有哪四大瓷窑？

中国四大瓷窑是河北磁州窑、浙江龙泉窑、江西景德镇窑和福建德化窑。河北磁州窑是中国古代北方最大的一个民窑体系，其瓷器多以实用为主。浙江龙泉窑开创于三国两晋时期，是中国最早的青瓷制作地之一。江西景德镇窑起源于唐代，后成为中国最著名的瓷器产地之一。福建德化窑以白瓷塑佛像而著名。

长城在古代有什么作用？

长城始建于西周时期，明朝进行了大规模修建。长城的主体是高大、坚固的城墙，构成一个复杂的防御体系，主要用于限制敌骑的行动、保护边境安全。长城不仅是中国古代建筑技术的杰出代表，也是人类建筑史上的奇迹，象征着中国古代的军事智慧。

都江堰的特征是什么？

都江堰是当今世界上年代久远的以无坝引水为特征的宏大水利工程。战国时期，李冰父子主持修建了都江堰。都江堰的建设极大地改善了成都平原的灌溉条件，有效防止了洪涝灾害，使得成都平原成为"天府之国"。

世界上现存年代最久远的单孔石拱桥是哪一座？

赵州桥建于隋朝，是世界上现存年代最久远的单孔石拱桥，设计者是李春。赵州桥的设计和建造展示了中国古代桥梁筑造技术的先进性，其稳定的结构和美学设计对后世桥梁建筑产生了深远的影响。

莫高窟为什么是世界上最大的佛教艺术宝库之一？

莫高窟，又称"千佛洞"，位于中国甘肃省敦煌市，是世界上最大的佛教艺术宝库之一。它始建于366年，历经多个朝代的开凿和修建，雕像和壁画精美绝伦，千年间佛教艺术在此绵延传承，是研究中国古代政治、经济、文化、艺术、宗教的重要资料。

被誉为"世界第八大奇迹"的是哪个文化遗产？

秦始皇陵兵马俑被誉为"世界第八大奇迹"。兵马俑坑是秦始皇陵的一部分，出土了成千上万的陶俑和陶马匹。这些兵马俑各具特色，栩栩如生，展示了秦朝军队的威武雄壮。兵马俑为研究秦朝历史、文化、军事提供了珍贵的实物资料，吸引了世界各地的游客和学者前来参观研究。

知识万花筒

四大名窟与四大名园

四大名窟
- 莫高窟 — 位于甘肃省敦煌市
- 云冈石窟 — 位于山西省大同市
- 龙门石窟 — 位于河南省洛阳市
- 麦积山石窟 — 位于甘肃省天水市

四大名园
- 拙政园 — 位于江苏省苏州市
- 颐和园 — 位于北京市
- 避暑山庄 — 位于河北省承德市
- 留园 — 位于江苏省苏州市